W0186960

Der Traum vom Kaffee

Andrea Illy

Herausgegeben von Alessandra Viola
Aus dem Englischen übersetzt von Katja Wallner

Amalthea Verlag

Originaltitel: Il sogno del caffè, von Andrea Illy
Copyright: © Codice Edizioni Torino, 2015, © illycaffè Spa, 2015, © Andrea Illy, 2015
Titel der englischen Ausgabe, die der deutschen Übersetzung zugrunde liegt:
A coffee dream, by Andrea Illy, edited by Alessandra Viola, translation by
Gail McDowell

Besuchen Sie uns im Internet unter:
amalthea.at
illy.com
@andrea_illy
@illycaffe
facebook.com/illy
youtube/illy

Für die deutschsprachige Ausgabe:
© 2017 by Amalthea Signum Verlag, Wien
Alle Rechte vorbehalten
Lektorat: Maria-Christine Leitgeb
Umschlagherstellung: Elisabeth Pirker/OFFBEAT
Umschlagfotos: Cover: Massimo Gardone/Azimut, hintere Umschlagklappe:
Stefano Guindani Foto
Buchgestaltung: Bellissimo/Luca Ballarini, Cristina Ortali
Herstellung und Satz: VerlagsService Dietmar Schmitz GmbH, Heimstetten
Gesetzt aus der 10,5/11,5 Adobe Caslon Pro
Printed in the EU
ISBN 978-3-99050-106-1

»Viele sehen die Welt, so wie sie ist,
und fragen ›warum?‹.
Ich träume von einer Welt, die noch nie da war,
und frage ›warum nicht?‹.«

Robert F. Kennedy

INHALT

KAPITEL 3
Wird Schönheit die Welt retten?

DREI WORTE

Ich wuchs in einer Familie auf, die großen Wert auf Kaffee legte. Es schien, als ob alles von Kaffee abhing. Ein Familienbetrieb wie unserer hat nicht nur eine Mission, sondern auch eine authentische »Mission-Passion-Obsession« für seine Kunden und seine Werte und – in erster Linie – für Kaffee. Als Kind fragte ich mich manchmal, ob es in der Welt noch etwas anderes gab außer Kaffee, oder ob er wirklich so wichtig und komplex war.

Ironischerweise entschloss ich mich Jahre später dazu, Chemie zu studieren, und ich begann, mein Leben dem Kaffee zu widmen. Etwa zehn Jahre danach besuchte ich auf einem meiner ersten Ausflüge mit meinem Vater Brian Arthur, den renommierten Ökonomen, der die Theorie der zunehmenden Erträge formuliert hatte. Dies war ein entscheidender Moment, denn hier sah ich zum ersten Mal in meinem Leben meinen Vater sichtlich bewegt. Er war ansonsten ein zurückhaltender Mann, doch als er Arthur erklärte, dass er seine Hilfe bräuchte, um den Wohlstand zwischen den Ländern, die Kaffee konsumieren, und jenen, die ihn herstellen, gerechter aufzuteilen, stutzte er, und er wurde emotional, als er versuchte, die unzumutbaren Lebensverhältnisse der Bauern zu beschreiben. Ich war sehr betroffen und werde diesen Moment nie vergessen. Denn dies war für mich die Bestätigung, dass Kaffee wirklich ein verdammt wichtiges Thema ist.

Als ich etwa dreißig Jahre alt war, quälten mich neue Bedenken: Tat ich genug? Hatte ich wirklich all meine Ressourcen für mich und meine Mitmenschen so gut wie möglich genutzt? Instinktiv suchte ich die Antwort in meiner Arbeit. War es genug, meinen Beruf so gut, wie ich konnte, auszuüben, ohne mich zu schonen und all meine Energie zu investieren? Wie viele Menschen würden außer mir davon profitieren? Um meine Frage zu beantworten, versuchte ich sie zu zählen: Schon damals waren es mit allen Konsumenten, Kunden, Lieferanten und Mitarbeitern einige Millionen. Wenn wir den Betrieb vergrößern könnten, könnte die Zahl auf zehn, vielleicht sogar hundert Millionen Menschen ansteigen. Ich glaube, dass das der Moment war, in dem ich erkannte, was mein Lebenswerk sein würde: Ich würde mit Kaffee die Welt verbessern.

Als ich zehn Jahre später erstmals Bilanz zog, fragte ich mich, warum Kaffee nicht das gleiche Ansehen wie Wein genoss, obwohl er so wichtig war. Also kontaktierte ich einige erstklassige französische Kommunikationsspezialisten und Experten für Savoir-faire und – mit etwas Wortwitz – für *faire savoir du savoir-faire*. Seltsamerweise stellten mir zwei der drei dieselbe Frage: »Was ist der Traum von illy?« Ich wusste nicht, was ich antworten sollte.

Danach dachte ich scheinbar endlos darüber nach, bis ich mich an einem Sonntag, als ich meine Hunde spazieren führte, fragte, wie ich das übersehen hatte können: Da war ein Traum, und was für einer! Es war der Traum meines Großvaters Francesco, als er illycaffè gründete, der Traum, den besten Kaffee der Welt anzubieten. Drei Worte: *anbieten* (im altruistischen Sinne wie »darreichen« oder »widmen«), *besten* (mit der tugendhaften Konnotation von »stark« oder »mutig«) und *Welt* (mit der doppelten Bedeutung »der Welt« und »für alle Welt«). Doch ein wichtiger Teil fehlte: Wie würde ich diesen Traum weitergeben? Wie würde ich ihn verwirklichen?

Die Antwort ist in diesem Buch.

Träume vom Kaffee

KAPITEL 1

MEIN ERSTER KAFFEE

Ich erinnere mich noch genau an den Tag, an dem ich meinen ersten Kaffee getrunken habe. Die Küche war mit Sonnenlicht durchflutet. Ich hatte noch nie zuvor so intensives Licht gesehen. Ich war etwa vier Jahre alt und sah zu, wie meine Mutter mit unserer großen Kaffeemühle Kaffeebohnen mahlte. Das sperrige Gerät machte ein metallisches und zugleich fröhliches Geräusch. Es war außer meiner Reichweite auf einem Möbelstück und füllte das Haus mit einem Duft, der mir schon damals wie der beste Geruch der Welt vorkam.

Damals dauerte es eine Dreiviertelstunde, manchmal sogar eine ganze Stunde, um eine gute Tasse Kaffee zuzubereiten. Es war ein komplexer und heikler Vorgang, ein Ritual. Für mich waren es magische Momente, und die Zeit verging in einem Wimpernschlag, während ich auf die Erlaubnis wartete, den Kaffee zu kosten. Meine Mutter wog die Kaffeebohnen auf einer kleinen Waage. Dann mahlte sie diese und untersuchte das Ergebnis gründlich. Danach warf sie oft alles weg und begann von Neuem. Diese älteren Kaffeemühlen produzierten nie richtig fein gemahlenes Kaffeepulver. Sie konnte es mit einem kurzen Blick bewerten. Daher nannte ich sie »die Ingenieurin«. Für mich war es so, als ob sie eine unglaublich schwierige Aufgabe bewältigte, die viel Aufmerksamkeit und Präzision erforderte, und Messungen, die für mich unbegreiflich waren. Erst später verstand ich, wie grundlegend das war, um die Qualität zu erreichen, die meine Mutter anstrebte und die ihr Elixier zum begehrtesten Getränk in unserer Familie machte.

Endlich gab es an diesem sonnigen Nachmittag ein paar kleine Löffel Kaffee für mich. Als der Moment gekommen war, brachte

ich sie vorsichtig an meine Lippen, sodass kein Tropfen verloren ging. Wenn ich an diesen Moment zurückdenke, erinnere ich mich noch daran, wie ich die aromatische, bittere Flüssigkeit genossen habe. Ich schloss meine Augen und spürte, wie Tausende mir unbekannte Aromen von weit entfernten, exotischen Orten durch meinen Mund tanzten, und ich fragte mich, ob ich sie jemals besuchen würde. Ich stellte mir gerne vor, dass mich jeder Löffel an einen anderen Ort brachte, und ich weiß noch ganz genau, dass meine Mutter vor mir stand, als ich nach diesen flüchtigen Gedankenreisen meine Augen öffnete. Sie lächelte mir zu und gab mir das Gefühl, für immer sicher zu sein.
Ich glaube, dass es dieser Moment war, in dem »schön« und »gut« für mich zu einem einzigen Gefühl verschmolzen. Zum ersten Mal hatte ich den verschwommenen und zugleich intensiven Eindruck, dass Kaffee möglicherweise mehr sei als ein kochend heißes, köstliches Getränk aus fernen Ländern. Es war etwas, das meinem Leben einen Sinn verleihen würde. Als ich in der Küche neben meiner Mutter am Kaffee nippte, schmeckte er wie der Traum von einer perfekten Welt. Seitdem versuche ich, diesen Traum in und durch Kaffee zu verwirklichen, den Traum von einer Welt, die gerecht, schön und gut ist, in der der Duft von Kaffee ein Symbol von Harmonie ist. An diesem Tag erwachte in mir eine Passion, die bis heute meine Arbeit beeinflusst: den Traum wahr werden zu lassen.

DER STOFF, AUS DEM DIE TRÄUME SIND

Doch was ist ein Traum? Für unsere Vorfahren waren die Visionen in unserer Tiefschlafphase göttliche Botschaften. Heute nennen wir sie Träume und sehen sie als Ergebnisse psychischer Prozesse. Laut Freud sind sie Zeichen unterbewusster geistiger Tätigkeit, die dazu dient, unser Verlangen zu erfüllen. Doch aus philosophischer Sicht gab es immer nur eine Frage: Wie kann man Träume von der Realität unterscheiden? Platon schrieb in seinem Werk *Theaitetos*, dass Träumen nicht weniger real sei als das wahre Leben und dass »die Ähnlichkeit der beiden Zustände erstaunlich« sei. Auch für Schopenhauer sind Träume und das Leben »Seiten aus demselben Buch«.

Dies sind die Ideen, die mich inspirierten: Träume sind nicht weit entfernt und unerreichbar, sondern ein anderer Aspekt der Realität. Auch das kognitive Modell scheint Träume und Realität als zwei verschiedene Erkenntnisquellen zu sehen und nicht mehr als Gegensätze. Beide sind als Ganzes funktionelle Teile des Geistes. Tagträume sind und bleiben von Vorstellungskraft genährt. Sie dienen dazu, Sehnsüchte zu erfüllen, und sind daher dazu bestimmt, Wohlbefinden, Freude und Schönheit zu kreieren, in einem Wort: Glück, und zwar dasselbe Glück, das man durch den Geschmack und die Schönheit von Kaffee empfinden kann. Jede einzelne Tasse enthält eine ganze Welt. Kaffee ist mehr als ein ausgereiftes und köstliches Produkt, er zeugt von einer ganzen Kultur oder besser noch – von vielen kombinierten Kulturen. Er verströmt den Duft und die Exotik seines wunderbaren Herkunftsortes. Er zeugt von einem Jahrtausend voller Geschichte, Geografie, Kunst und von Familien von Tausenden von Menschen, ja von gesamten Nationen. Ein Kaffee enthält etwa 1000 Aromastoffe und fünfhundert andere Substanzen. Er wird in über siebzig verschiedenen Ländern hergestellt und gibt etwa hundert Millionen Menschen weltweit und fünfundzwanzig Millionen Familien allein in den Herstellerländern Arbeit (Quelle: ICO). Kaffee ist ein komplexes Getränk, das unglaublichste der Welt. Besonders Espresso basiert auf einer Art Equilibrium, das durch einen kritischen Punkt reguliert wird. Er ist ein echtes Unikat unter den Getränken.
Ein gut zubereiteter Espresso ist ein wahres Meisterwerk. Ich glaube nicht, dass man es anders beschreiben kann. Kein anderes Produkt auf unserem Tisch ist so komplex und so schwierig zuzubereiten, auch wenn wir es möglicherweise als alltägliche und beinahe banale Tätigkeit ansehen. Doch das wirklich Wunderbare am Kaffee ist, dass wir beim Genießen all das vergessen und einfach die Energie und die Inspiration, die er entfacht, genießen können.

TRAUMHÄNDLER

Kaffee ist zweifelsohne ein Getränk der Träume, und das nicht nur, weil er so köstlich ist und von außerordentlich schönen Orten kommt. Seit über tausend Jahren inspiriert er die Kreativität der

DIE CHEMIE DES ESPRESSO

Aus chemischer Sicht ist Espresso zugleich eine Lösung, eine Emulsion, eine Suspension und eine Gärung. Im Wesentlichen ist er ein kleines Wunder aus Chemie und Physik. Die Lösung besteht aus den chemischen Substanzen von Kaffee (inklusive seiner Aromen), die in Wasser aufgelöst sind (Kohlehydrate, Säuren, Koffein). Die Öle in den Kaffeebohnen (und somit im Kaffeepulver) emulgieren mit dem Wasser. Sie schmelzen nicht sofort, sondern lösen sich aufgrund der hohen Temperatur und der mechanischen Wirkung der Extraktion im Wasser in winzige Tröpfchen auf. Die Crema entsteht durch das Vorhandensein einer Gasphase (vor allem Kohlendioxid) im Wasser, die während der Vorbereitung eingeschlossen wird und an der Oberfläche des Espresso als Schaumschicht wieder auftaucht. Die Suspension erfolgt durch das Vorhandensein winziger Feststoffteilchen von gemahlenem Kaffee, die im Getränk bleiben und manchmal in hellem Schaum als winzige dunkle Punkte (Tigerstreifen) zu sehen sind. Ein perfekter Espresso ist ein kleines Wunder. Um dieses Ergebnis zu erreichen, müssen ein Dutzend Variablen perfekt kalibriert sein, darunter die Menge an Kaffee, die in den Filter kommt, und sogar der Filter selbst, das Tampern, das Mahlen, der Härtegrad, die Qualität, die Temperatur und der Druck des Wassers sowie die Extraktionszeit.

besten Köpfe. Einer davon ist Baba Budan, dessen Geschichte mir mein Vater erzählt hat. Im 17. Jahrhundert hüteten Jemen und Äthiopien eifersüchtig ihre gut ausgebaute Kaffeeproduktion und wollten ihr Monopol aufrechterhalten, um ihren bereits blühenden Handel mit Europa zu kontrollieren. Etwa ein Jahrhundert lang konnten sie verhindern, dass die fruchtbaren Kaffeekirschen ihre Länder verließen, indem sie diese so lange kochten, bis sie unfruchtbar waren. Im Jemen wurde zusätzlich jeder enthauptet, der versuchte, sie zu exportieren. Im Jahr 1670 schaffte es jedoch Baba Budan, einer der zahlreichen Pilger, die jedes Jahr nach Mekka reisten, durch eine List und unter Einsatz seines Lebens, einige Kaffeekirschen über die Grenze zu schmuggeln und nach Indien zu bringen. Er schluckte sieben rote Kaffeebohnen und pflanzte sie, nachdem er sie wiedererlangt hatte, in Südindien an den Hängen von Chikmalagur im Bundesstaat Karnataka ein. Seitdem verbreitete sich Kaffee auch erfolgreich in Indonesien, zuerst auf der Insel Java und dann auf Celebres, Sumatra und Timor. Baba Budans Geste wurde so gewürdigt, dass er sogar heiliggesprochen wurde und das gesamte Gebiet, in dem er die Kaffeebohnen angepflanzt hatte, nach ihm benannt wurde: Baba Budan Giri. Heute ist es eine Pilgerstätte und wird sowohl von Hindus als auch von Muslimen verehrt, was wirklich ein seltenes Phänomen ist.

Eine weitere beispielhafte Geschichte erzählt, wie Kaffee in die französischen Kolonien Martinique, Guadeloupe und Santo Domingo kam. Dies war dem überaus genialen Geist von Gabriel de Clieu (1687–1774) zu verdanken, der Guadeloupe beinahe zwanzig Jahre lang regierte. Laut dem Bericht, den er in den *Année littéraire* im Jahr 1774 veröffentlichte, transportierte de Clieu eine oder mehrere Kaffeepflanzen, die die französische Regierung von Holland geschenkt bekommen hatte, nach Martinique. Laut anderen Quellen hatte er die Pflanzen aus dem Land geschmuggelt. Während der langen Überquerung des Atlantiks hatte er sogar seinen dürftigen Trinkwasservorrat mit ihnen geteilt, um sicherzustellen, dass sie überleben würden.

Hinter der Ankunft des Kaffees in Brasilien im Jahr 1727 scheint eine Liebesgeschichte zu stecken. Der Vizekönig Brasiliens hatte Francisco de Melo Palheta mit der Aufgabe betraut, ihm einige der kostbaren Samen aus Guyana zu bringen, wo sie eifersüchtig gehütet wurden. Laut einer Geschichte erhielt er sie durch sein diplomatisches Geschick und aufgrund des ausgezeichneten

Eindrucks, den er auf den Herrscher des Landes gemacht hatte. Eine andere Geschichte erzählt, dass sich der Herrscher weigerte, ihm die Samen zu geben, und dass sich alles ganz anders abspielte. Laut dieser Version erhielt Francisco die Samen aufgrund seines Charmes: Es scheint, als ob sich die Frau des Herrschers in Francisco verliebt hatte. Da sie wusste, wie wichtig ihm die Samen waren, versteckte sie sie in einem Blumenstrauß, den sie ihm vor seiner Abreise gab. Die Keime dieser Saat des Verrats trugen nicht sofort Früchte. Der Anbau begann in Brasilien erst zwanzig Jahre später und das Land wurde erst 1840 zum führenden Hersteller – ein Rekord, der bis heute steht.

KAFFEE IN ITALIEN

Kaffee hatte seinen ersten Auftritt in Italien im Jahr 1615 in Venedig dank Reisender, die aufgrund einer Vielzahl von Gründen von dort aus in Richtung Orient in See stachen. Nachdem der Kaffee auf Schiffe im Hafen an der jemenitischen Küste des Roten Meeres geladen worden war, wurde er zurück nach Venedig transportiert und zunächst in Apotheken zu exorbitanten Preisen als Medizin verkauft.

Es scheint, dass Pietro della Valle (1586–1652), ein Autor und Musiker, der nach einem romantischen Rückschlag in den Orient gereist war, nach seiner Rückkehr das Kaffeetrinken beschrieb und es in venezianischen Kreisen einführte. Kaffee war bereits von Prospero Alpino (1553–1617), einem Mediziner, der als Erster die Pflanze beschrieben und ihre nützlichen therapeutischen Eigenschaften hervorgehoben hatte, nachdem er sie in Kairo gesehen hatte, erwähnt worden sowie vom Venezianer Gian Francesco Morosini (1537–1596), dem Botschafter Venedigs beim Sultan von Konstantinopel. Er berichtete im Jahr 1585, dass die Türken die Gewohnheit hatten, in der Öffentlichkeit, in Geschäften und auf der Straße »schwarzes Wasser« zu trinken, das von einem Samen namens Qavhé kam und angeblich Menschen »ziemlich wachhalten« konnte.

Eines ist sicher: Bis zur Mitte des 17. Jahrhunderts waren Kaffeehäuser in Venedig bereits weitverbreitet und wurden »Geschäfte des Wassers und Eises« genannt. Ihr Erfolg verursachte bald den einen oder anderen Streit. Kaffee wurde von so manchen als »Erfindung des Teufels« bezeichnet, da er aus arabischen Ländern stammte und von Muslimen getrunken wurde. Der Papst wurde sogar gebeten, ihn zu verbieten. Doch Clemens VIII. (1536–1605) wollte das Getränk zuerst kosten – und es schmeckte ihm. Man erzählt, dass er so begeistert davon war, dass er sagte, es wäre eine Sünde, nur Ungläubige ein so köstliches Getränk genießen zu lassen. Statt Kaffee zu verbieten, gab er ihm seinen Segen. Nach der päpstlichen Genehmigung wurde Kaffee in Venedig reichlich konsumiert, und 1624 lernten die Venezianer das Röstverfahren. Im Jahr 1676 wurde der erste Kaffeeladen in Venedig errichtet. Er wurde zu Ehren seines Besitzers, Floriano Francesconi, Caffè Florian genannt. Das Caffè Lavena wurde 1750 eröffnet. Im Jahr 1759 gab es in Venedig 206 Kaffeeläden, wovon sich dreißig am Markusplatz befanden.

WIENER KAFFEEHÄUSER

Wiener Kaffeehäuser sind dank der literarischen Aura, die sie umgibt, weltberühmt, und auch heute noch sind sie ganz besondere Orte. Jedes Detail wird sorgfältig beachtet und der Kaffee wird immer mit einem Glas Wasser serviert. Kunden sitzen auf den berühmten geschwungenen Stühlen aus Buchenholz von Michael Thonet und lesen Zeitungen an Tischen mit Marmorplatten. Abends werden musikalische Vorträge und Lesungen gehalten.

Viele österreichische Intellektuelle des 19. und 20. Jahrhunderts fanden in der gemütlichen Eleganz dieser Kaffeehäuser eine Atmosphäre vor, die ihre Kreativität förderte. Das niveauvolle Ambiente inspirierte die Gattung, die als Kaffeehausliteratur bekannt ist. Darunter sind Werke von Autoren wie Karl Kraus, Arthur Schnitzler, Alfred Polgar, Stefan Zweig und Peter Altenberg, der angeblich sogar seine Post ans Café Central zustellen ließ, zu finden.

Im Jahr 2011 wurde das Wiener Kaffeehaus von der österreichischen Kommission der UNESCO als immaterielles Kulturerbe nominiert. Es wurde als Ort, »wo Raum und Zeit konsumiert werden, aber nur Kaffee auf der Rechnung steht«, beschrieben.

KULCZYCKI

Sicher ist, dass die kreativsten Köpfe tausend Jahre lang durch Kaffee inspiriert wurden, den sie in großen Mengen tranken. Dies war wahrscheinlich kein Zufall, denn wie zahlreiche Gelehrte bemerkt haben, traf der weitverbreitete Kaffeekonsum in Europa mit der wissenschaftlichen Revolution des 17. Jahrhunderts und später mit der Aufklärung zusammen. Die anregenden Eigenschaften von Kaffee, die die Aufmerksamkeitsspanne und die gedankliche Klarheit verbessern, machen ihn zu einem ausgezeichneten Helfer für Kreativität, Konzentration und Aufmerksamkeit. Während der Aufklärung wurde dieses »Getränk der Vernunft«, dieser Inbegriff der Moderne und des Fortschritts, zum Getränk erster Wahl der Wissenschaftler, Intellektuellen, Händler und Beamten, was die Verbreitung eines neuen Rationalismus widerspiegelte.

Venedig, Triest, London: Innerhalb kurzer Zeit hatten Kaffeehäuser Europa erobert und sich in der zweiten Hälfte des 16. Jahrhunderts in Wien, dem Herzen des Kontinents, durchgesetzt. Dies verdanken wir Jerzy Franciszek Kulczycki (1640–1694), einem orthodoxen ukrainischen Adligen. Er war Händler, Diplomat, Soldat und Spion und wird von den Wienern als Lokalheld angesehen. Sein Name ist mit dem ersten Wiener Kaffeehaus verbunden. Es heißt, dass Kulczycki während der Türkenbelagerung im Jahr 1683 in der österreichischen Hauptstadt war. Die Stadtbewohner waren erschöpft und ausgehungert. In türkische Tracht gekleidet und osmanische Lieder singend überquerte er die feindlichen Linien und bat Karl V., Herzog von Lothringen, um Hilfe. Danach kehrte er nach Wien zurück und brachte der Stadt die Botschaft ihrer baldigen Rettung. Daher beschlossen die Bewohner, weiterhin Widerstand zu leisten. Die Ankunft der christlichen Truppen wendete die Schlacht und Kulczycki wurde mit einer beträchtlichen Menge des Kaffees belohnt, der im Lager der besiegten türkischen Armee gefunden wurde. Er eröffnete ein Kaffeehaus in Wien, das bald sehr beliebt war und wo er seine Gäste persönlich in türkischer Kleidung bediente. Er war auch der Erste, der vorschlug, Kaffee mit Milch zu trinken. Wien gedenkt ihm mit einer Statue, und jeden Oktober organisieren die großen Wiener Kaffeehäuser eine Feier zu seinen Ehren. Die Anzahl der Kaffeehäuser in Wien ist seitdem gewachsen. Innerhalb eines Jahrhunderts sind sie zum Symbol einer Ära geworden, organisieren Zusammenkünfte von und erinnern an Schlüsselfiguren der mitteleuropäischen Kultur.

GROSSVATER FRANCESCOS DREI LIEBEN

Zu Beginn des 20. Jahrhunderts entdeckte mein Großvater, Francesco Illy, in einem Wiener Kaffeehaus ähnlich dem von Kulczycki den Kaffee für sich. Er wurde 1892 als Sohn eines Zimmermanns in Timişoara geboren, das heute zu Rumänien gehört, damals jedoch noch in Ungarn lag. Als er etwa sechzehn Jahre alt war, beschloss er, seine Heimat zu verlassen und sein Glück anderswo zu suchen. Er zog nach Wien, damals eine der kommerziellen und kulturellen Hauptstädte Europas.
Ich weiß nicht viel über diese frühe Zeit seines Lebens, aber sicher ist, dass er im Alter von zwanzig Jahren bereits der Verwaltungschef zweier großer Firmen war. (Er arbeitete für eine am Morgen und für die andere am Abend.) Ich stelle mir gerne vor, wie er jung und neugierig durch die Straßen Wiens schlendert und beschließt, welche Zukunft er sich aufbauen wird. Ich kann beinahe sehen, wie er in einem Kaffeehaus sitzt oder ein Schaufenster betrachtet, den duftenden Zauber genießt, sich umsieht und sich dabei immer mehr in das Getränk und seine Zubereitung verliebt, jenes Getränk, das bereits so viele Europäer für sich gewonnen hat.
Seine Bestimmung erfüllte sich einige Jahre später beim Ausbruch des Ersten Weltkrieges. Er ging zur österreichisch-ungarischen Armee und ließ sich nach Kriegsende in Triest nieder. Er hätte dasselbe tragische Schicksal wie so viele andere Veteranen erleiden können, doch stattdessen fand er die drei Lieben seines Lebens: die Stadt Triest, deren Charme er ins Herz schloss; Kaffee mitsamt den historischen Cafés und dem Hafen, der bereits der Haupthafen für Kaffeehandel des Mittelmeers und ein Grundpfeiler des gesamten europäischen Handels und Konsums war; und zu guter Letzt die schöne Doris, die seine Ehefrau werden und mit der er die Familie gründen sollte, die das Unternehmen illycaffè bis heute führt. So beschloss Francesco, der bis kurz

vor 1950 staatenlos gewesen war, sich in Italien niederzulassen und die italienische Staatsbürgerschaft zu beantragen. Er handelte zuerst mit Gewürzen, dann mit Schokolade und schließlich mit Kaffee. Triest war der ideale Ort für diese Tätigkeit und für die kosmopolitische Berufung meines Großvaters, die sich in dieser Stadt vollkommen widerspiegelte.

DEN BESTEN KAFFEE DER WELT ANBIETEN

Im Jahr 1933 gründete er mit einem Partner die Firma Illy-Hausbrandt, die Kaffee und Schokolade herstellte und verkaufte. Die beiden Geschäftspartner hatten verschiedene Hintergründe und unternehmerische Ideen, doch sie teilten von Beginn an das Ziel, einen bedeutenden Betrieb aufzubauen. Sie kombinierten ihre Talente (zusammen mit dem Patent meines Großvaters für das Überdruckverfahren) und alles verlief etwa zwanzig Jahre lang reibungslos: Der Betrieb wuchs, machte Gewinn, expandierte. Er überstand sogar die schreckliche Kriegszeit praktisch unversehrt. Doch ab den 1960er-Jahren kamen die unterschiedlichen Geschäftsperspektiven, die die Bemühungen der beiden Partner belebten, verstärkt zum Vorschein, und ihre Wege trennten sich später. Francesco Illy wollte all seine Ressourcen dafür einsetzen, seinen Traum zu verwirklichen. Dieser kam von einer scheinbar einfachen Idee, die sich als revolutionär herausstellte: den besten Kaffee der Welt anzubieten.

Am Anfang ihrer Zusammenarbeit teilten mein Großvater und sein Partner, der ein Kaffeeröster war, die Verkaufsgebiete auf. Francesco, der bereits viel in Europa gereist war und viele Sprachen beherrschte, behielt die am weitesten entfernten Gegenden für sich. Die internationale Ausrichtung des heutigen Unternehmens leitet sich möglicherweise aus dieser ursprünglichen Entscheidung ab. Doch bereits zu dieser Zeit und lange danach war Süditalien einer der wichtigsten inländischen Märkte. Dort wurde mehr Kaffee getrunken und, noch wichtiger, die Gegend hatte eine besser entwickelte Kultur des Kaffees. Um den interessantesten Markt des Landes für sich zu gewinnen, beschloss Illy-Hausbrandt von Anfang an, die höchste Qualitätsstufe anzustreben: Exzellenz. Dieses Streben nach Perfektion treibt

TRIEST

Kaffee hat eine besondere Beziehung zu Triest, einer stolzen, kosmopolitischen und offenen Stadt, die ihrer Internationalität sogar in den Zeiten des glühenden Nationalismus treu blieb.

Die frühe Handelstätigkeit in Triest wurde durch die Habsburger gefördert, die bei mehreren Gelegenheiten während der 1700er-Jahre Maßnahmen zur Entwicklung des Hafens und zur Schaffung einer kaufmännischen Gemeinschaft veranlassten, die die Stadt mit den anderen Handelszentren des Reiches und seiner Hauptstadt verband. Dieser Ausbau kam scheinbar während der Invasion und kurzlebigen Herrschaft der Franzosen zu einem Stillstand, doch nach dem Sturz Napoleons kam erneut Schwung in den Seehandel (und den Kaffeehandel) aufgrund neuer Anreize, die die österreichische Regierung bot, die Triest zu einem »Freihafen« mit maßgeblichen Steuerbefreiungen machte. Als der Suezkanal im November 1869 eröffnet wurde, wurde der Kaffeeimport durch Tätigkeiten in der Reinigung und Auslese der Bohnen vergrößert. Darauf folgten bald die ersten Röstereien, was zu den ersten Blends führte, die dem Produkt durch exklusive Aromakombinationen eine persönliche Note gaben. Während des letzten Viertels des 19. Jahrhunderts hatte Triest sechsundsechzig Firmen, die Kaffee importierten und vertrieben, vier, die auf die Verarbeitung spezialisiert waren, und rund zehn Röstereien.

Zur gleichen Zeit (und nicht nur in Triest) entwickelte sich eine Art »Spezialisierung« von Kaffeehäusern: Es gab das literarische Café und das Café Chantant (oder Café-concert). Manche davon waren dazu bestimmt, eine authentische und berühmte »Aura« zu haben: einen Platz in der Literaturgeschichte und eine dedizierte Ikonografie.

Wie in Venedig und später in Wien wurde Kaffee bald zu einem entscheidenden Motor für die kulturelle Entwicklung von Triest. Die Kaffeehäuser der Stadt waren Orte der Begegnung, Diskussion und Eleganz und genossen das Vertrauen von vielen wie beispielsweise von Italo Svevo und Umberto Saba sowie von Scipio Slataper, Giani Stuparich, Silvio Benco und Virgilio Giotti.

uns durch die ständige Forschung und Innovation jeden Tag einen Schritt voran. Doch schon damals war das Unternehmen durch die vielen Erfindungen meines Großvaters gewissermaßen konkurrenzlos.
Francesco hatte keinen wissenschaftlichen Hintergrund, doch er erkannte den Wert technischer Innovation. Er vereinte eiserne Selbstbestimmung, vollständige Klarheit über seine Vorhaben und eine ungewöhnliche Fähigkeit zu kreieren und zu konstruieren in sich. Ich halte ihn für ein absolutes Genie, er hatte ja tatsächlich einige unglaubliche Eingebungen wie beispielsweise die zum Bau einer neuen Espressomaschine oder, besser gesagt, »der« Espressomaschine. Es waren bereits einige am Markt vorhanden, doch basierten sie auf einer Technik, die der von Mokkakannen ähnelte: Es wurde Wasser gekocht und dann durch den Dampfdruck durch die Platte gedrückt, die den Filter enthielt. Das Problem war, dass das Wasser zu heiß war und der Kaffee dadurch anbrannte und zu bitter wurde. Außerdem behinderte der niedrige Druck die Extraktion der Aromen, was in einer wässrigen Flüssigkeit resultierte. Francesco beschloss, zuerst den bitteren Geschmack in Angriff zu nehmen: Die Qualität des Kaffees war so gut, dass sein wahrer Geschmack hervorgebracht werden musste, aber wie? Durch Experimentieren bemerkte er, dass Kaffee, der bei niedrigen Temperaturen gekocht wurde, weniger bitter und viel aromatischer war. Doch das andere Problem, das er lösen musste, war der Druck, der durch den Dampf des kochenden Wassers entstand. Die Lösung konnte nicht von innen kommen, denn die höchstmögliche Temperatur, die ein Maximum an Aromen ermöglichte, waren 90 °C (194 °F).
Daher suchte und fand mein Großvater die Lösung außen in Form eines verstellbaren Luftkompressors, der den nötigen Druck liefern konnte. So wurde die Illetta geboren. Sie ist die Großmutter der heutigen Espressomaschine. Wir haben sie restauriert und zur Expo in Mailand gebracht.
Die Illetta war eine bahnbrechende und avantgardistische Erfindung, doch illycaffè sah sich bald gezwungen, sie aufzugeben. Obwohl das Unternehmen den Zweiten Weltkrieg überlebt hatte, hatte es in der Nachkriegszeit wirtschaftliche Schwierigkeiten (wie die italienische Industrie allgemein) und konnte keine Fortschritte im Markt der Kaffeemaschinen machen, der inzwischen schnell expandiert und viel Konkurrenz angelockt hatte. Es waren harte Jahre. Während des Krieges hatten Sank-

ILLETTA

Im Jahr 1935 patentierte Francesco Illy die Illetta, die erste Espressomaschine mit automatischer Wasserdosierung. Sie verwendete Luft, die durch einen externen, verstellbaren Kompressor als Druckquelle geliefert wurde. Es handelte sich damals um eine bahnbrechende Maschine, die erstmals die genaue Messung von Temperatur und Druck ermöglichte: Wasser durchlief unter Hochdruck bei rund 90 °C (194 °F) den Filter.

tionen den Import von Kaffee blockiert, und der Transport im Mittelmeer war riskant gewesen. Rohmaterialien waren so knapp gewesen, dass illy an einem bestimmten Punkt sogar gezwungen war, Zichorie zu rösten!
Daher beschloss mein Großvater, zu seinen Wurzeln zurückzukehren. Er gab die Herstellung von Espressomaschinen auf, was bedeutete, dass dieses Abenteuer ein vorzeitiges Ende fand. Doch das Illetta-Patent hatte bereits die Samen einer Innovation gesät, die in den 1980er-Jahren und in den drei nachfolgenden Generationen weiterhin Früchte tragen würden.

DAS AROMA DER WELT BEWAHREN

Ebenfalls in den 1930er-Jahren – vor der Erfindung der Illetta und ein Jahr vor der Gründung des Unternehmens – meldete Großvater Francesco ein Patent für eine weitere wichtige Erfindung an: das Überdruckverfahren. Auch in diesem Fall war er durch seinen Traum, den besten Kaffee herzustellen, inspiriert. Dies hing vor allem mit dem blühenden Handel des Unternehmens mit Süditalien zusammen.
Mein Großvater wollte diesem Handel mittels eines Projekts, an dem ihm viel lag, Tribut zollen, doch es gab ein »technisches« Problem. Die Kaffeebohnen wurden in der Fabrik in Triest geröstet und dann per Bahn nach Süden transportiert. Dies waren endlose Fahrten, die damals bis zu einem Monat dauern konnten. Bei der Ankunft des Produkts gab es eine böse Überraschung: Der Kaffee war »flach« und ranzig. Er hatte seinen Duft und teilweise sein Aroma verloren. Francesco war am Boden zerstört. Er wollte den besten Kaffee der Welt anbieten und konnte nicht zulassen, dass er während des Transports verdarb.
Es ist zweifellos wunderbar, eine Kaffeerösterei oder eine Kaffeebar zu betreten und den Duft von Kaffee zu riechen. Das bedeutet jedoch, dass das Aroma teilweise in der Luft verloren gegangen und nicht in der Kaffeetasse ist, was man ja eigentlich will. Wie kann man beim Verpacken die Luft, die die Aromen oxidiert, entfernen? Vakuumverpackung ist nicht ausreichend, obwohl sie bis heute oft verwendet wird. Mein Großvater hatte die Idee, den Kaffee bei einem Druck, der höher als Luftdruck

war, zu verpacken, um zu verhindern, dass die Kaffeebohnen das in ihnen enthaltene Gas freisetzen, und so die Aromen im Inneren zu bewahren. Und das war noch nicht alles: Er ersetzte die Luft durch Stickstoff, ein Edelgas, das die Oxidierung verhindert und die Frische der Aromen schützt. Wir verwenden diese Technologie noch heute und haben 1957 eine eigene Abteilung für die Herstellung der illy Dosen gegründet, um zu kontrollieren und zu garantieren, dass hundert Prozent der Aromen erhalten bleiben.

Die konservierten Aromen werden dann durch die Espressotechnik extrahiert, die die Öle mit Wasser emulgiert. Espresso ist die beste Extraktionstechnik, weil Infusionstechniken die Öle und ihre Aromen nicht extrahieren können, da kein Druck entsteht, und Filterkaffee sie nicht richtig emulgiert. Mein Groß-

CONSULAT GÉNÉRAL DE ROUMANIE
TRIESTE

N. 30-1930

Trieste, le 12 febbraio 1930

LEGITTIMAZIONE

per il Signor Francesco Illy, nato a Timişoara (Romania) nell'anno 1892, commerciante, domiciliato a Trieste.-

Connotati:
statura: alta
capelli: castagni
fronte: regolare
occhi: grigi
naso: regolare
bocca: regolare

La seguente legittimazione fu rilasciata da questo Consolato Generale in base al regolare passaporto romeno N. 168473, rilasciato a Timişoara il 19 ottobre 1921 e serve unicamente quale documento d'identificazione ad uso delle Regie Autorità di P.S. itataliane.-

Il Console Generale

CONSULAT GÉNÉRAL – TRIESTE –

vater sagte immer: »Das Verhältnis von Espresso zu Filterkaffee ist wie das von Parfüm zu Eau de Cologne.« Er war davon überzeugt, dass die Verbreitung von Espresso unvermeidbar war und vertrat diese Meinung auf der ganzen Welt. Er war ein Visionär und ein Erfinder sowie ein wegweisender und avantgardistischer Unternehmer, der für verschiedenste Partnerschaften offen war. 1939 gründete er neben anderen Initiativen eine illy-Fabrik in der Schweiz. Dann brach der Krieg aus, der Auswirkungen auf die europäische Wirtschaft und das Leben von Millionen von Menschen hatte.

EINE BEGEGNUNG, DIE NIE STATTFAND

Mein Großvater war ein ehrgeiziger Mann. Er kombinierte handfestes Engagement mit visionärem Flair. Zu Hause wurde sein Name oft mit Respekt und beinahe Ehrfurcht ausgesprochen, und er wurde für mich bald zu einer legendären Persönlichkeit. Ich war sogar ein wenig von ihm eingeschüchtert. Er starb acht Jahre vor meiner Geburt, doch es war, als ob er noch am Leben wäre, da er so ein essenzieller Teil unserer Familie war. Er hatte etwas aufgebaut, das wir niemals aufgeben konnten, einen Traum, den wir weiterhin pflegen würden.

Ich finde es schade, dass ich Großvater Francesco mit seinen außergewöhnlichen Talenten nie kennengelernt habe. Ich frage mich oft, ob sich unsere heutigen Bemühungen im Einklang mit seiner einzigartigen Idee befinden. Im Großen und Ganzen ist die Antwort Ja. Wir setzen seine Lehren in die Tat um. Noch heute teilen meine Familie und das Unternehmen seine Leidenschaft für Qualität und Innovation sowie seine kosmopolitische Berufung. Ich stelle mir gerne vor, dass er zufrieden wäre, könnte er unsere Bemühungen beurteilen. Wir sind seiner ursprünglichen Idee treu geblieben und haben sie in ein modernes Unternehmen integriert, dessen guter professioneller Ruf möglicherweise noch größer ist als sein Image und seine Bekanntheit.

Mein Großvater war ein Erfinder und Unternehmer, doch allem voran ein aufgeklärter Mann. Er hatte sehr klare Vorstellungen davon, an welchen moralischen Werten er sein Leben und seine Taten ausrichten wollte. Er achtete sehr auf seine Mitmenschen, und seine Fürsorge für andere hat meine gesamte Familie stark beeinflusst. Meine Mutter hat eine Geschichte dazu: Kurz nachdem sie Francescos Sohn Ernesto (meinen Vater) geheiratet hatte, erhielt sie einen Anruf von ihrem Schwiegervater, in dem es um einen Angestellten oder möglicherweise sogar den Verwandten eines Angestellten ging, der krank war. Er bat sie, ihn im Krankenhaus zu besuchen und ihm zur Seite zu stehen. Seine Fürsorge und seine Entschlossenheit inspirierten seinen Erben Ernesto, der 1957 die Leitung des Unternehmens übernahm. Als Geschäftsführer und Miteigentümer führte er die Errungenschaften seines Vaters unbeirrt fort und erweiterte diese sogar noch.

ERNESTO

Alles, was ich von meinem Großvater weiß, hat mir mein Vater erzählt, der ebenfalls außergewöhnlich innovativ und kreativ war. Er gab uns Kindern alle moralischen und unternehmerischen Lehren von Großvater Francesco weiter, den er sehr schätzte. Er gab uns sein leuchtendes Vorbild und viele seiner Leidenschaften als Erbe weiter.
Mein Vater war ein sehr belesener und aufgeklärter Mann, eine Mischung aus Wissenschaftler und Geschäftsmann. Er zeigte uns aus erster Hand die wichtigsten Werte und die Schönheit des Kaffees, ein Thema, bei dem er Experte war. 1947 schloss er sein Studium der Chemie in Bologna erfolgreich ab. Von 1963 bis 2005 war er Präsident von illycaffè und wurde zu einer unbestrittenen Autorität in seiner Branche. Er hatte wichtige Positionen in allen großen Verbänden inne: in der ASIC (Association for Science and Information on Coffee, in Paris), die er mitbegründet hatte, bei PEC (Physiological Effects of Coffee, immer schon in Paris), im ISIC (Institute for Scientific Information on Coffee) und in der ICO (International Coffee Organisation, in London), die Institution, die jeden Aspekt der Kaffeewelt reguliert. 1965 half er bei der Gründung von Centromarca, dem italienischen Verband der Markenartikelindustrie. Er wurde zum Präsidenten des Verbandes ernannt. In der Folge etablierte er wichtige Strukturen, regte Unternehmer an, arbeitete mit dem Vertriebssektor zusammen und baute eine Art Koevolution zwischen den beiden Bereichen auf.

RÖSTEN

Bei der Röstung durchläuft der Kaffee in einer Viertelstunde die radikalste Verwandlung seines Lebenszyklus. Sie ist unerlässlich für die Entstehung der rund 1000 Inhaltsstoffe, die das Kaffeearoma ausmachen.
Innerhalb eines großen, sich drehenden Behälters, der Temperaturen von etwa 220 °C (428 °F) erreichen kann, trocknen die Kaffeebohnen zuerst aus, bekommen eine goldgelbe Farbe und beginnen nach und nach, geröstet zu riechen. Dann werden die Bohnen dunkler und vergrößern sich um etwa sechzig Prozent. Über 180 °C (356 °F) fangen die Bohnen an sich zu »spalten«, die pyrolytische Reaktion beginnt: Die Bohnen bilden ihre Aromen und bekommen ihre charakteristische dunkelbraune Farbe, verlieren rund achtzehn Prozent ihres Gewichts und werden spröde. Am Ende des Vorgangs wird der Kaffee luftgekühlt, was die besten Aromen bewahrt und verhindert, dass die Bohnen kochen.
Während des Röstverfahrens entsteht eine große Menge Kohlendioxid. Danach beginnen die Bohnen, das Gas, das noch in ihrer Molekularstruktur eingeschlossen ist, freizusetzen. Während dieses Vorgangs verlieren die Kaffeebohnen allmählich ihre Aromen.
Interessant ist, dass das Rösten, wie wir es heute kennen, erst seit dem Ende des 14. Jahrhunderts durchgeführt wird. Tatsächlich sind geröstete Kaffeezubereitungen eine relativ neue Erfindung.
Davor wurde Kaffee als Aufguss zubereitet, indem grüne Kaffeebohnen in kaltem Wasser eingeweicht wurden. Noch früher wurden die Bohnen als Ganzes verzehrt. Erst später wurden sie gemahlen und mit tierischem Fett vermengt, um sie für die Dauer von Reisen zu konservieren.

DAS ÜBERDRUCK-VERFAHREN

Das Überdruckverfahren ist eine Verpackungsmethode, in der Stickstoff verwendet wird, um den Verpackungsinhalt bei einem Druck zu versiegeln, der über dem Luftdruck liegt. Dieses Verfahren schließt eine große Menge an Kaffeearomen ein, die ansonsten innerhalb der ersten Stunden nach dem Rösten durch die Effekte der Entgasung verloren gehen würden. Bei der Entgasung wird das Kohlendioxid (CO_2), das während der Röstung entsteht und bei hohem Druck in den Kaffeebohnen eingeschlossen bleibt, freigesetzt.
Die Technik der Vakuumverpackung wird häufig verwendet, um zu vermeiden, dass Aromen mit Sauerstoff in Berührung kommen, doch manche der aromatischen Verbindungen gehen während dieses Verfahrens verloren. Darum verwendete illycaffè schon immer eine andere Technik, das Überdruckverfahren, das Francesco Illy 1932 patentieren ließ.
Wie guter Wein wird Kaffee in den berühmten illy Dosen sogar noch besser. Der Geschmack wird runder und hält länger. Das Überdruckverfahren hat somit eine »reifende« Wirkung, die in den ersten Monaten die Qualität des Kaffees verbessert und ihn in den Folgemonaten verfeinert.

Er liebte Philosophie und Musik, er gab sich seiner Arbeit hin, und wenn er sprach, verwendete er schöne Metaphern, die seinen Konzepten Greifbarkeit verliehen. Es ist wirklich schade, dass er nie Notizen gemacht hat und dass so viel von seinem Wissen verloren gegangen ist. Als ich merkte, welches Risiko wir eingingen, begann ich, alles niederzuschreiben, um sein Vermächtnis zu erhalten. 1994 wurde das erste Buch über die Lehre und Qualität des Espresso veröffentlicht: *Il caffè espresso. La scienza della qualità.* Nach dem Tod meines Vaters baten wir einen Forscher, der eng mit ihm zusammengearbeitet hatte, alles, was er über ihn wusste, seine Forschung und seine Erkenntnisse, in Buchform niederzuschreiben. Leider erwies sich diese Aufgabe als zu schwierig, und das Ergebnis war lediglich ein kleines Buch, das auf nur wenigen Seiten Wissen und Lehren zusammenfasste, die ganze Enzyklopädien hätten füllen können.
Aus diesem Grund beschloss ich, wieder mit dem Schreiben zu beginnen. Wir hatten Ernesto Illys technisch-wissenschaftliche Erkenntnisse dokumentiert, doch was fehlte, war ein Buch über seine Leidenschaft für Ethik und Philosophie. Das daraus resultierende *manifesto* befasste sich vor allem mit zwei Aspekten: Ethik im Sinne des Aufbauens langfristiger Werte, die wir mit unseren »Stakeholdern« durch Transparenz, Nachhaltigkeit und die Wertschätzung des Menschen teilen. Und Exzellenz im Sinne der Liebe zur Schönheit und zu Dingen, die einfach gut gemacht sind. Seitdem ist Schönheit zu einem der Grundpfeiler unserer Mission geworden, die folgendermaßen lautet: »Alle Menschen zu erfreuen, die Lebensqualität zu schätzen wissen. Unser Ziel ist der beste Kaffee, den die Natur zu bieten hat – veredelt durch die besten verfügbaren Technologien sowie unser Streben nach Schönheit.«
Im Hinblick auf die Technologie hatte mein Vater wissenschaftliche Forschung zur Triebfeder seiner unternehmerischen Tätigkeiten gemacht. Er hat im Unternehmen eines der weltweit ersten Labors geschaffen, die der Chemie des Kaffees gewidmet sind, und er hat zahlreiche wichtige technische Lösungen patentieren lassen, wie zum Beispiel ein System, das automatisch Kaffeebohnen ausliest und mangelhafte aussortiert. Er hat auch das Kaffeepad patentieren lassen, das den Markt für das Einzelportionsformat eröffnet hat. Es ermöglicht die Zubereitung von Kaffee durch das Einlegen einer Portion Kaffee in die Kaffeemaschine. Der Kaffee ist dabei bereits geröstet, gemahlen, portioniert und zwischen zwei Filterpapiere gepresst.

VOM FIAT TOPOLINO ZUM AMERICAN DREAM

Doch er arbeitete nicht nur in Büros und wissenschaftlichen Laboren. Im Gegenteil, mein Vater war immer unterwegs. Er öffnete die wichtigsten Märkte Europas für illycaffè, als er im Fiat Topolino der Firma die staubigen und nicht gepflasterten Straßen von halb Europa entlangfuhr. Er begleitete Kaffeelieferungen nach Frankreich, Deutschland und Holland, und seine Geschichten und der große Traum, den er von Francesco geerbt hatte, waren seine ständigen Begleiter. Nach unzähligen Reisen gründete er 1962 illycaffè in Holland. Weshalb in Holland, einem Land, das augenscheinlich so wenig mit Kaffeekultur zu tun hat? Eines Tages hatte ihn der holländische Makler, der den grünen Kaffee an uns verkaufte, besucht und gesagt: »Ich glaube, dass ein gewisses Interesse in meinem Land für Ihren gerösteten Kaffee besteht. Wir könnten ihn dort verkaufen.« Das Unternehmen führte durch die italienische Handelsvertretung eine kleine Marktstudie durch, die zur Überraschung aller ergab, dass es in Holland viele Espressomaschinen gab. Das überzeugte meinen Vater, diesen neuen Markt zu entwickeln, doch ein paar Monate nach dem Beginn des Projekts stellte er überrascht fest, dass es in Holland in Wirklichkeit nur wenige Espressomaschinen gab. Was war passiert?
Das Rätsel war bald gelöst: Die italienische Handelsvertretung hatte mit »Espressomaschinen« die im deutschen und niederländischen Sprachraum häufig als »Espressokannen« bezeichneten »Mokkakannen« gemeint, die holländische Familien zu Hause verwendeten. Was sollte nun geschehen? Nun, wenn es keine Espressomaschinen gab, musste man sie einführen. Mein Vater beschloss, ein Importeur professioneller Maschinen zu werden, und begann, sie im ganzen Land zu verkaufen. Diese Erfahrung half später auch am amerikanischen Markt, wo das gleiche Problem bestand. illy wurde zum exklusiven Importeur von Espressomaschinen in den Vereinigten Staaten und bot auch technische Unterstützung an. Nach dem »Abenteuer« in Europa kamen die 1980er-Jahre, die mein Vater damit verbrachte, drei- oder viermal pro Jahr in die Vereinigten Staaten zu reisen. Er träumte davon, eine Marktpräsenz in Amerika aufzubauen. Es dauerte dreißig Jahre, doch dank eines glücklichen Zufalls gelang es ihm schluss-

endlich. Alain Rastrelly, einer der Spitzenmanager der französischen Kette Casino, hatte sich in Phoenix im US-Bundesstaat Arizona niedergelassen. Er rief meinen Vater an und bot an, unseren Kaffee in den Vereinigten Staaten zu verkaufen. Im Jahre 1980 entstand illycaffè North America. Das Unternehmen hatte nun seine Berufung zur Internationalisierung erfüllt.

So begann mein Vater mit dem, was wir als seine »Missionierung« bezeichneten: Wir nannten ihn den »Kaffeemissionar«, und er war tatsächlich zum Sonderbotschafter geworden. In Italien war uns nicht bewusst, wie berühmt er inzwischen geworden war. Ich bemerkte es zum ersten Mal auf meiner ersten und unvergesslichen Reise mit ihm nach San Francisco. Wir waren gerade aus einem Taxi gestiegen und überquerten die Straße, als jemand in einem vorbeifahrenden Auto sein Fenster öffnete und ihn freundlich begrüßte: »Hey, Dr. Illy!« Ich war wirklich erstaunt, dass er in dieser weit entfernten Stadt sogar auf der Straße erkannt wurde. Ein paar Jahre später bekam er in den Vereinigten Staaten den Spitznamen »Papa Bean«. Seine Identifizierung mit Kaffee war nun vollendet: Er war zum Symbol für Kaffee geworden.

Zu diesem Zeitpunkt hatten wir eine Marktpräsenz in über zwanzig verschiedenen Ländern, und mein Bruder Riccardo, der nun der Vertriebsleiter des Unternehmens war, machte sich an die Herausforderung, aus illy eine Weltmarke zu machen. In nur ein paar Jahren wuchsen wir von etwa zwanzig internationalen Märkten auf 140, zu einer weltweiten Präsenz, die heute Kunden unseren Kaffee an Orten finden lässt, wo sie es mit Sicherheit nicht erwarten, sogar in der Wüste Arizonas oder am Basislager des Mount Everest über fünftausend Meter über dem Meeresspiegel.

DIE KUNST DES KOMPLEMENTÄREN

Kunst hingegen hatte eine Generation ausgelassen. Mein Vater war ein Ästhet, aber nicht künstlerisch begabt, und wir mussten auf meinen Bruder Francesco warten, um diesen Weg wiederaufzunehmen. Mein Großvater malte hin und wieder, doch er war in erster Linie ein außerordentlicher Schöngeist: Kaffeemaschinen, seine Erfindungen, Verpackung, Werbekampagnen ... alles hatte

eine unglaubliche Schönheit, die der Zeit voraus war. Jahrzehnte später nahmen wir diese Strategie wieder auf, um die künstlerische Mission von illycaffè wiederzubeleben. Auch in diesem Fall brachten wir durch viele originelle Projekte Neuerungen ein.
In meiner Familie haben wir das Glück, dass wir einander ergänzen. Francesco, der Älteste, ist ein wahrhaft kreatives Genie. Er hat die unverwechselbaren Elemente des Unternehmens wie das Design, die Fotografie und die Kunst im Allgemeinen eingeführt. Riccardo, der zweite Bruder, ist sehr strategisch und unternehmerisch und hat viel politische Erfahrung, obwohl er es vermieden hat, einer politischen Partei beizutreten, um seine geistige Freiheit zu behalten.
Meine Schwester Anna ist die emotionale und beziehungsorientierte Person des Unternehmens und gleichzeitig ein echter Dynamo. Als sie noch klein war, nannten wir sie »Blitz«, da sie so unglaublich schnell war. Heute ist sie die Verteidigerin und Patronin unserer Kaffeeproduzenten, zu denen wir eine echte Partnerschaft entwickelt haben. Sie beaufsichtigt sorgfältig die Beziehungen zwischen dem Unternehmen, der Familie und unseren Produzenten in den Anbauländern. Sie reist viel, verbringt ein Drittel ihrer Zeit in Brasilien und wird von allen geliebt.
Ich werde als Visionär der Familie bezeichnet. Mir gefällt diese Definition, aber ich denke immer daran, was Thomas Edison einmal gesagt hat, als er ein altes japanisches Sprichwort umformuliert hat: »Vision ohne Ausführung ist nur Halluzination.« Darum widme ich mich voll und ganz der Ausführung, obwohl ich die Dinge heutzutage anders angehen muss, um meine Ideen umzusetzen. Früher habe ich selbst auch ausführend gearbeitet, um das Unternehmen auszubauen, dann habe ich mich jedoch als Manager neu erfunden, um andere in leitenden Positionen dazu zu motivieren, meine Ideen zu verwirklichen. Es ist eine völlig andere und schwierige Aufgabe, jedoch auch eine sehr interessante.

0,07

Als ich in das Unternehmen eintrat, wurde Qualität zu meiner Passion. Ich reiste sogar zu Toyota nach Japan, um über »vollkommene Qualität« und das »Null-Fehler-Prinzip« zu lernen,

Konzepte, die damals in Mode waren. Nach meiner Rückkehr setzten wir alles, was ich gelernt hatte, in die Tat um. Ein paar Jahre später hatte die Qualität unseres Kaffees einen Mangelwert von nur 0,07, was ein unglaubliches Ergebnis war.
Während des gleichen Zeitraums, in den 90er-Jahren, begann das Unternehmen dank der gemeinsamen Bemühungen meiner Geschwister und mir rasch zu wachsen. Riccardo hatte ein ausgezeichnetes Verkaufsteam zusammengestellt, in Italien sowie im Ausland. Francesco hatte Kunst und Fotografie in das Unternehmen eingebracht und unser Image in Gang gebracht. Meine Schwester erbrachte unbezahlbare Leistungen im Kontakt mit den Anbauländern. Die Ergebnisse dieser Jahre waren unglaublich.
Als ich 1990 in das Unternehmen eintrat, war sein Umsatz das heutige Äquivalent von dreißig Millionen Euro. Im Laufe der nächsten zwei Jahrzehnte stieg unser Umsatz um das Zehnfache an. Die Zusammenarbeit zwischen uns vieren erbrachte in diesen Jahren den Großteil dieses Betrags. Natürlich war das nicht immer einfach. Mein Vater aber bestand darauf: »Regelt es untereinander, denn ich werde ganz sicher nicht das Problem der Übergabe von einer Generation an die nächste lösen. Wenn ihr es untereinander regelt, wird euer Gleichgewicht stabiler sein. Wenn ich es regle, würde meine Entscheidung zweifellos nach meinem Tod aufgehoben werden.« Dies ist einer der Gründe, warum er uns immer ermuntert hat, unsere Talente zu entwickeln und Berufe zu wählen, die für unsere Fähigkeiten geeignet waren, ohne uns jemals zu etwas zu zwingen.
Die Übergabe wurde durch seine Weisheit und seinen Weitblick erleichtert: 1990 wurde er im Alter von 65 zum Ehrenpräsident (eine Stelle, die er bis zu seinem Tod im Jahr 2008 behielt). Er gab seinen Kindern Handlungsspielraum und arbeitete mit uns zusammen, um einen aufgeklärten, generationenübergreifenden Transfer zu schaffen. Wir Geschwister arbeiteten mit ihm gemeinsam an dieser Bemühung. Wir verfassten und unterschrieben einen »Illy-Pakt«, ein Dokument ähnlich dem, das von großen unternehmerischen Familien vereinbart wird und Werte, Ziele und Regeln für den Umgang mit dem Unternehmen festlegt. 1993 begannen wir, diese formale Vereinbarung zu diskutieren, und 1996 unterzeichneten wir sie zum ersten Mal. Zehn Jahre später unterschrieben wir eine aktualisierte Version. Es dauerte beinahe drei Jahre, bis wir unterschrieben, doch das

Ergebnis war ein inniger Pakt, auf den wir uns oft beziehen und der verschiedene wesentliche Faktoren des Unternehmens hervorhebt. Zuallererst steht das Unternehmen nicht im Dienst der Familie, sondern umgekehrt. Unser Streben nach Exzellenz in allem, was wir tun, ist ebenfalls Teil des Paktes sowie unser Ziel, für alle involvierten Stakeholder nachhaltige Werte zu schaffen. Bis zu diesem Zeitpunkt leiteten wir vier das Unternehmen, jeder von uns in einem eigenen Bereich. Es funktionierte eine Zeit lang, doch das Unternehmen wuchs und wurde komplexer, und an einem bestimmten Punkt merkten wir, dass diese Regelung nicht mehr funktionierte. Riccardo war während dieser Zeit in die Politik gegangen, also lag es an mir. Zehn Jahre später erreichten wir einen weiteren Meilenstein. Eine neue Holdinggesellschaft wurde für die Produktdiversifizierung geschaffen, und Riccardo war ihr Präsident.

EIN UNTERNEHMEN IST WIE EIN FLUGZEUG

Im Jahr 2004 widmeten wir uns zum ersten Mal der Herausforderung einer längerfristigen Zukunft. Was würden wir in zehn oder zwanzig Jahren machen? Das hatten wir uns noch nie gefragt, doch es schien mir unvermeidbar. An erster Stelle stand, nur das Beste zu bieten. Nur so könnte illycaffè auf das Vier- oder Fünffache anwachsen. Über die nächsten zehn Jahre vergrößerte sich das Unternehmen beinahe um das Zweifache. Doch durch die Knappheit von qualitativ hochwertigen Ressourcen, die nicht unbegrenzt verfügbar sind, sind dem Wachstum auch Grenzen gesetzt. Außerdem ist eine Marke nicht überall verbreitet. Was würden wir als Nächstes tun, um weiterhin zu wachsen? Ein Unternehmen ist wie ein Flugzeug: Um zu überleben, muss man weiterfliegen. Würden wir andere Firmen in diesem Sektor aufkaufen und Kaffeemarken ansammeln? Diese Entscheidung wäre nicht mit unseren Werten vereinbar gewesen: Es kann nur einen Allerbesten geben. Es wäre schwierig gewesen, eine andere Marke mit der gleichen Qualitätstradition zu finden, also blieb illy unsere einzige Präsenz im Kaffeesektor und wir bereiteten uns darauf vor, dieselbe Strategie auf andere Produkte anzuwenden. Die illy-Gruppe hat Unternehmen in den Bereichen Tee,

Schokolade und Wein gekauft: Produkte unserer Erde, die mit Kaffee verwandt sind und dank ihrer milden stimulierenden Eigenschaften die gleiche Kombination von Sinnesfreude und Inspiration bieten. Alle sind hochwertige Produkte, die hervorragend zusammenpassen.

Doch wenn Unternehmen wachsen wollen, müssen sie Innovationen tätigen. Seit unserer Kindheit hat unser Vater eine exzellente Kampagne dafür geführt, dass wir uns in die Firma verlieben. In meinem Fall war der Fokus auf wissenschaftliche Themen gerichtet: Er weckte meine Neugier und setzte mich sogar manchmal unter Zugzwang. In meiner Familie war Wis-

senschaft ein wichtiger Schwerpunkt, der einige Zeit lang in der Schwebe gewesen war. Mein Großvater war ein Erfinder gewesen. Er hatte ein Unternehmen mit einem besonderen Qualitätsbewusstsein geschaffen, und zwar auf zwei Patente gestützt: eines für Espressomaschinen, die mit Luftdruck operieren, und eines für das Überdruckverfahren in der Verpackungstechnik. Doch er hatte nie im wissenschaftlichen Bereich studiert und er war sich dieser Unzulänglichkeit auch bewusst. Als mein Vater alt genug war, sagte mein Großvater zu ihm: »Du solltest Chemie studieren, um besseren Kaffee machen zu können.« Er war damals siebzehn Jahre alt und der Krieg war in vollem Gange, doch er folgte dem Rat seines Vaters und zog nach Bologna. Krieg hin oder her, er musste studieren: Es sollte in jeder Generation einen Chemiker geben, um den Kaffee weiterhin verbessern zu können. Das Problem tauchte in meiner Generation wieder auf. Wer würde Chemie studieren? Mein Vater ließ uns wählen: Francesco war der kreative Geist, Riccardo der Stratege, meine Schwester Anna reiste immer schon gerne, hasste jedoch Chemie. Also blieb nur ich.

EINE FRAGE DER CHEMIE

Ich war der Jüngste und die anderen waren nicht an Chemie interessiert. Nach einigen eher wilden Jahren war es fast eine obligatorische Entscheidung. Als ich jung war, liebte ich hohe Geschwindigkeiten, Motorräder und Frauen. Ich feilte sorgfältig und heimlich den Sockel der Zylinder meiner Vespa ab, um sie zum schnellsten Roller der Stadt zu machen. Meine akademische Laufbahn ging vergleichsweise weniger schnell voran und ich fiel im ersten Jahr der Sekundarschule durch.
Deshalb stellte mich mein Vater, intelligent und praktisch wie er war, vor die Wahl: Ich könne in Triest bleiben und ein ausgebildeter Techniker werden (mit anderen Worten: das Studium vergessen und sofort zu arbeiten beginnen) oder ich könne meine Lebensweise grundlegend ändern und im Ausland studieren. Er überließ mir die Entscheidung, und ich merkte schnell, dass es ein Wendepunkt in meinem Leben war. Ich musste nicht lange darüber nachdenken. Ich war fasziniert davon, so weit wegzuzie-

hen und mich auf die Probe zu stellen, also verließ ich – wie mein Großvater – mit sechzehn meine Heimat und machte mich auf den Weg in die Schweiz. Da ich so weit weg war, wurde der Kontakt mit meiner Familie immer weniger, und ein paar Jahre später war ich überzeugt, dass ich Lausanne zu meiner neuen Heimat machen würde.

Nach meinem ersten Studienjahr hatte ich begonnen, etwas Geld zu verdienen. In sechs Monaten würde ich einen Schweizer Pass haben und ich lebte mit einer Frau zusammen. Ich hatte begonnen, Chemieingenieurwesen zu studieren, obwohl mir Medizin lieber gewesen wäre. Ich wusste nicht wirklich, was in Triest passierte, doch an einem bestimmten Punkt stellte ich mich dem Problem, meine Familie über meine Entscheidung zu informieren: Ich wollte mein Studium abbrechen und etwas anderes tun. Ich kann mich noch genau an das Gespräch erinnern. Ich dachte, es wäre eine naheliegende Entscheidung und dass es niemanden interessieren würde. Mittlerweile war ich von allem abgeschnitten. Ich hatte ein neues Leben. Stattdessen protestierten meine Brüder und meine Schwester, als sie die Neuigkeiten hörten. In der Schweiz bleiben? Chemie aufgeben? Ich sollte doch in das Unternehmen eintreten! Es war schön, ihre ermutigenden Worte zu hören.

Etwas später beschloss ich, mein Studium in Triest fortzusetzen. Es war eine gute Entscheidung, da sich dort eine der wichtigsten wissenschaftlichen Einrichtungen Europas befindet und vor allem, weil ich nur ein paar Tage nach meiner Rückkehr meine zukünftige Ehefrau Elisabetta im Café kennenlernte. Die Rückkehr nach Triest und zum Unternehmen war wie die Rückkehr nach Hause, denn ich war in der Fabrik aufgewachsen. Als Kind war ich darin umhergewandert und hatte mit allem gespielt, was ich finden konnte. Als Jugendlicher hatte ich im Sommer in der Abteilung, die die Kaffeedosen herstellt, gearbeitet, um mir meine Vespa kaufen zu können. Dazu kam, dass mir meine Familie auch aus unternehmerischer Sicht wichtig war.

In Italien beginnt fast jedes Unternehmen als Familienbetrieb. Diese Wurzeln sind Teil der DNA eines Unternehmens, auch wenn dieser Faktor manchmal verzerrt wird, wenn das Unternehmen wächst, besonders, wenn es zu einem multinationalen Unternehmen wird. Doch die wichtigsten Werte liegen in den Wurzeln der Familie, an vorderster Stelle ihre moralischen, ethischen und sozialen Wertvorstellungen. Dann kommt der Wissensschatz, der vom Vater an die Kinder weitergegeben wird. In ihm finden wir den eigentlichen Reichtum des Unternehmens. Schließlich ist da noch der gute Ruf des Unternehmens, der im Lauf der Zeit und der Generationen aufgebaut wird und für ein solides Unternehmen unabdingbar ist. Ein Unternehmen ist all das: das Produkt seines Wissens, seines Rufs und seiner Identität. Natürlich können diese Werte auch später weitergegeben werden, sogar nach dem Tod des Gründers, oder auch, wenn es keine zukünftigen Generationen gibt. Dies ist der Fall bei Steve Jobs: Seine Lehren werden überleben, weil die Originalstruktur von Apple seine ist und ein Grundstein der Lehren, Werte und Visionen. Was zählt, ist nicht der Gegenstand selbst, sondern die Bedeutung, die wir ihm zuschreiben. Wenn ich mutlos bin oder Zweifel habe (wie wir alle), denke ich an eine Geschichte meines Vaters über zwei Arbeiter, die Ziegel stapeln. Einer fragt den anderen: »Was tust du?« Der andere antwortet genervt: »Siehst du das nicht? Ich staple Ziegel. Warum? Was glaubst du, was du tust?« Ich stelle mir vor, wie der erste Arbeiter lächelt, als er antwortet: »Ich baue einen Dom.« Beide Arbeiter verrichten die gleiche Arbeit, doch der Erste hat eine Vision, ein Projekt, einen Traum, der so groß ist, dass er seine Vollendung möglicherweise nicht einmal erleben wird (wie Gaudí und die Sagrada Família in Barcelona). Dennoch verändert der Traum seine Einstellung und macht ihn glücklich.

Ich würde sagen, dass unser Unternehmen einen Dom baut. Außerdem leiden wir an einem unheilbaren Streben nach Perfektion. Nach mehr als achtzig Jahren können wir immer noch nicht behaupten, dass wir wissen, wie man den besten Kaffee der Welt macht. Es gibt immer noch so viel zu tun und zu lernen. Den besten Kaffee der Welt anzubieten, ist eine sehr tiefgreifende Lebenseinstellung, deren Ziel es ist, eine Welt zu schaffen, in der wir alle glücklich leben können. Eine Welt voller Güte, eine Welt voller Schönheit.

ILLY, DIE FAMILIE UND DAS UNTERNEHMEN

Das Unternehmen illycaffè wurde von Francesco Illy (Illy Ferenc auf Ungarisch) gegründet, der 1892 in Temesvár (dem heutigen Timişoara), damals ein Teil von Österreich-Ungarn, geboren wurde. Er war der Sohn von Lujza Röszler und Johann Illy, einem Zimmermann. Im Alter von etwa sechzehn Jahren zog Francesco nach Wien, um dort sein Glück zu suchen. Im Alter von zwanzig Jahren war er bereits der Verwaltungschef zweier Firmen. Mit zweiundzwanzig wurde er ins österreichisch-ungarische Heer einberufen und kämpfte an jeder Front des Konflikts 1914–1918, auch im Karst und in Verdun. Der Krieg brachte ihn nach Triest, wo eine seiner Schwestern lebte, und er beschloss, sich dort nach dem Krieg niederzulassen. Nach dem Ende des Ersten Weltkrieges gehörte Triest zu Italien, Temesvár hingegen wurde Rumänien zugesprochen. Dies machte Francesco zu einem rumänischen Staatsbürger, und er hätte nochmals den Wehrdienst ableisten müssen. Er beschloss, in Italien zu bleiben.

In Triest lernte er Doris kennen, eine Pianistin, die seiner Nichte Klavierunterricht gab. Doris war in Johannesburg geboren worden. Ihr Vater war aus Triest, und ihre Mutter war Irin. Sie würde später zwei Kinder mit Francesco haben: Ernesto und Hedda. Zunächst handelte Francesco in Triest mit Gewürzen, später mit Kakao und Schokolade. Doch sein erfinderisches und wirtschaftliches Talent fand im Kaffeesektor seinen besten Ausdruck. Er begann, Kaffee zu importieren. Um das Aroma zu konservieren und zu maximieren, patentierte Francesco zwei neue Technologien: das Überdruckverfahren (das dauerhafte Frische garantiert und einen Prozess auslöst, den man als das »Reifen« von Kaffee beschreiben kann, wie ein Barrique für die besten Weine) und eine Espressomaschine, die Kaffee mit Hochdruck zubereitet (und damit für die perfekte Extraktion der Kaffeearomen während der Filtration sorgt). Nach einer schwierigen Erfahrung mit einem Partner (der später nach Spanien emigrierte) bei einer Firma namens Emax beschloss Francesco 1933, die notwendigen finanziellen Mittel aufzubringen, um seine patentierten Technologien zu entwickeln. Zu diesem Zweck gründete er mit einem Partner (namens Hausbrandt), der einen Firmenanteil von fünfzig Prozent hatte, eine neue Firma – Industria Nazionale Caffè e Cioccolato Illy-Hausbrandt. Die Firma Hausbrandt (1892 gegründet, was interessanterweise das Geburtsjahr von Francesco ist) hatte seit den 1800er-Jahren gerösteten Kaffee in Triest hergestellt und verkauft. Die neue Firma vermarktete Kaffee unter der Marke illy. Im Jahre 1939 gründete Francesco das Unternehmen illycaffè in Zürich mit den Hausbrandts und zusätzlich mit der Familie Seitz. Dieses eigenständige Unternehmen nahm um 1950 seine Geschäftstätigkeit auf.

Als Francesco 1956 verstarb, trat Ernesto in die Fußstapfen seines Vaters und begann, das Unternehmen zu leiten. Seine Schwester Hedda zog nach Rom, um sich ihrem musikalischen Studium zu widmen, und wurde eine bekannte Cembalistin. Ernesto erlangte seinen akademischen Grad in Chemie in Bologna. Danach konzentrierte er sich auf die wirtschaftliche Entwicklung des Unternehmens, einschließlich des Auslandssektors, und öffnete neue Märkte und Niederlassungen in Holland (1962) und den Vereinigten Staaten (1980). In den frühen 1960er-Jahren erlangte Ernesto die Kontrolle über illycaffè durch einen gleichwertigen Tausch zwischen dem Anteil der Schweizer Firma, die ihre Büros nach Thalwil verlagert hatte, und dem Anteil in Triest. 1965 eröffnete er ein neues Unternehmen auf der Via Flavia, das noch heute der Hauptsitz von illycaffè ist.

Ernesto engagierte sich in der Produktinnovation, was zum Teil einem Kapitalzufluss von einer regionalen Finanzgesellschaft, Friulia, zu verdanken war. Zuallererst erfolgte die unternehmensinterne Produktion von 3-kg-Dosen, um jeden Produktionsschritt genau verfolgen und damit die luftdichte Versiegelung der Dosen durch das Überdruckverfahren garantieren zu können. Als Nächstes setzte er den Fokus auf die wissenschaftliche Erforschung von Kaffee und auf die Entwicklung technischer Systeme für die Auslese, Röstung und Konservierung der Bohnen, um ihre Qualität zu verbessern.

Zu diesem Zweck kreierte er eines der ersten unternehmensinternen Labore für Qualitätskontrolle und erfand und patentierte neue Geräte, um die Kaffeebohnen elektronisch auszulesen und mangelhafte Bohnen auszusortieren. In den 70er-Jahren erfand Ernesto das erste portionierte System für Espresso. Er stellte ein Pad aus Papier her, das mit gemahlenem Kaffee gefüllt war und es sogar Laien ermöglichte, ausgezeichneten Espresso zuzubereiten. Die Pads, die heute als »Easy Serving Espresso« (ESE) bekannt sind, kurbelten die Internationalisierung der Marke illy rasant an, besonders in Deutschland, und führte 1980 zur Gründung eines neuen Unternehmens in den Vereinigten Staaten. Im Verlauf seiner Karriere war Ernesto Gründungspartner und zweimaliger Präsident von ASIC (Association for Science and Information on Coffee), welche 2016 ihr fünfzigjähriges Jubiläum feierte. 1965 half er, Centromarca, den italienischen Verband der Markenartikelindustrie, zu gründen, und 1990 gründete er ISIC, das Institute for Scientific Information on Coffee.

Im Jahre 1952 heiratete Ernesto Anna, die Tochter eines Ingenieurs aus Triest. Sie war wie er Skirennläuferin gewesen, und die beiden hatten sich auf der Piste kennengelernt. Anna half Ernesto mit der Geschäftsleitung,

besonders beim Entwickeln des ESE-Systems und beim Erweitern des Auslandsmarktes. Sie hatten vier Kinder: Francesco (1953), Riccardo (1955), Anna (1958) und Andrea (1964).
Schon als Kind bewies Francesco kreatives Talent. In den 1980er- und 1990er-Jahren manifestierte sich dies in drei wichtigen Debüts von illycaffè in drei verschiedenen künstlerischen Bereichen: Fotografie (ein Bereich, in dem Francesco, der auch Fotograf ist, wichtige Werke geschaffen hat), Kunst (mit dem Projekt der illy Art Collection) und Design, mit der Herstellung der Francis Francis Espressomaschine. Er zog in den 1970er-Jahren in die Schweiz und beaufsichtigte zusammen mit seiner Ehefrau den Vertrieb des Kaffees der Familie unter der Marke Amici. In den 1990er-Jahren verwirklichte er seinen Traum und wurde Winzer in Montalcino. Er hat vier Kinder: Ernesto, Vittoria, Matilde und Ludovica.
Ernestos zweiter Sohn, Riccardo, war ein richtiger Sportler. Er war während seiner Jugend Ski- und Segellehrer. Er betrat die Welt des Kaffees durch eine Firma, die mit Rohkaffee handelte. Er heiratete recht jung und hat eine Tochter namens Daria. Er stieg 1977 in den Familienbetrieb ein, der sich damals aufgrund des starken Anstiegs der Kaffeepreise nach dem verheerenden Frost von 1975, der einen Großteil der brasilianischen Ernte zerstört hatte, in einer schwierigen Lage befand. Er begann seine Karriere im Unternehmen in der Verkaufsabteilung von *Bar in Italia*. In nur wenigen Jahren hatte er sein Ziel, illy zum führenden Blend zu machen, erreicht. In den späten 1980er-Jahren gründete er zwei neue Vertriebsnetzwerke: den Lebensmittel- und den Bürofachhandel. Damit setzte er die ersten Grundsteine für Marketingstrategien, die auf der fokussierten

Differenzierung des Produkts basierten, und schuf die erste Marketingabteilung in der Geschichte der Firma. In der Folge wurden innovative neue Produkte eingeführt, wie zum Beispiel gemahlener Kaffee für die Zubereitung von Espresso. Ein paar Jahre später öffnete das ESE-System durch den Verkauf von Kaffeepads auch die Tore zum Heimsektor. Im Verlauf seiner beruflichen Laufbahn feilte Riccardo an der Firmenstrategie. Er konzentrierte seine Bemühungen auf den Espressobereich und auf Qualitätsdifferenzierung. Ein Ergebnis davon waren die illy Monoarabica-Sorten und die ersten Werbekampagnen, deren Erfolg illy zu einer großen nationalen Kaffeemarke machte. Die innovative Organisation des Verkaufsbereichs ließ die Geschäftsführung die Grundlage für die nachfolgende Internationalisierung des Unternehmens schaffen.
In den 1990er-Jahren übertrugen Ernesto und Anna Minderheitsanteile von illycaffè auf ihre vier Kinder. Auf Vorschlag von Francesco gründeten die Geschwister die Gesellschaft Buriana Holding (ein Akronym ihrer Namen und Spitznamen). 2004 wurde sie in die Gruppo illy SpA umgewandelt. Riccardo war der Vorstand und die Gesellschaft begann eine Reihe von Käufen, die auf Marken aus dem Umfeld der Kolonialerzeugnisse abzielten. Ab den 1990er-Jahren wurde Riccardo, nachdem er Geschäftsführer gewesen war, in der italienischen Politik aktiv. 1993 wurde er zum Bürgermeister von Triest gewählt, ein Amt, das er zwei Mandate lang ausübte und das ihm als Anerkennung für seinen Beitrag zur Wiederaufnahme der geopolitischen Rolle der Stadt während seiner Amtszeit später ein Ehrendiplom in Politikwissenschaften der Universität Triest einbrachte. 2003 wurde er Präsident der Region Friaul-Julisch Venetien. Nachdem er sich 2008 aus der Politik zurückgezogen hatte, nahm Riccardo wieder seine Vollzeittätigkeit als Unternehmer auf und führte die Diversifizierung der Gruppo illy fort, was dazu führte, dass die Firma heute im Tee-, Kakao-, Wein- und Obsterzeugnissektor unter den Marken Domori, Dammann, Mastrojanni und Agrimontana tätig ist.
Ernestos und Annas drittem Kind, Anna, lag schon immer die Welt der Anbauländer am Herzen. Sie begann ihre Karriere im Verkaufsbüro für Rohkaffee und arbeitete dann eine Zeit lang bei einem Transportunternehmen. Ab 1991 war ihr Beitrag entscheidend für die erfolgreiche Einführung eines brasilianischen Preises für die beste Espressoqualität (Prêmio Ernesto Illy de Qualidade do Café para Espresso). In der Folge änderte das Unternehmen seine Beschaffungsstrategie und entwickelte direkte Beziehungen mit den Kaffeeproduzenten. Sie ist eine unermüdliche Weltenbummlerin und hat eine Tochter namens Nicol.
Andrea, der sportlich ist und eine Leidenschaft für das Fliegen hat, zog 1979 für sein Studium in die Schweiz. Er kehrte 1986 nach Italien zurück und trat 1990 in das Unternehmen ein. Er arbeitete in der Qualitätskontrolle und erarbeitete die Unternehmensstrategie im Bereich der vollkommenen Qualität. In nur wenigen Jahren hatten sich seine Zuständigkeiten auf den gesamten Produktbereich ausgeweitet. 1994 erlangte er seinen akademischen Grad in Chemie mit einer Abschlussarbeit über die Wissenschaft des Espresso, die später als *Il caffè espresso. La scienza della qualità* veröffentlicht wurde. Im gleichen Jahr löste er auf Vorschlag von Riccardo seinen Bruder als Geschäftsführer von illycaffè ab. Er verwandelte die Firma in eine globale Marke, teilweise durch die Entwicklung der Bandbreite an Kaffeeprodukten. Er übte diese Funktion 22 Jahre lang aus, bis er 2016 zum Vorsitzenden von illycaffè wurde. Von 1999 bis 2004 war er Präsident der ASIC, 2013 wurde er Präsident der Stiftung Altagamma. Von 2012 bis 2015 war er der Vorstand der Kommission für Förderung und Marktentwicklung der ICO (International Coffee Organisation), eine Position, die zuvor sein Vater Ernesto innegehabt hatte. 2013 wurde er zum obersten Berater des Standorts Triest der Banca d'Italia und war Mentor des Weltwirtschaftsforums. Er hat drei Töchter: Micaela, Jacqueline und Andrea-Dominique.
Die drei Mitglieder der vierten Generation, die ihre Karriere im Unternehmen begonnen haben, sind Daria, Ernesto und Vittoria. Die neuesten Familienmitglieder, die die fünfte Generation bilden, sind Riccardo, Angelica und Bianca.

Das Streben nach dem Guten

KAPITEL 2

MADELEINE

In einer Passage seines monumentalen Werkes *Auf der Suche nach der verlorenen Zeit* beschreibt Marcel Proust den berühmten Madeleine-Moment. Der Protagonist seines Romans isst eine *madeleine*. Er tunkt sie in seinen Tee und beginnt unwillkürlich, an seine Kindheit zurückzudenken und sich an besonders emotionale Momente zu erinnern. Proust war nicht mit der Neurowissenschaft vertraut, doch heute bietet sie uns eine Erklärung für diese Art Erfahrung, die eigentlich ziemlich häufig vorkommt. Wenn wir etwas schmecken, ist es relativ normal, dass wir uns sogar viele Jahre später an Empfindungen und Gefühle erinnern, die das Gehirn mit diesem Geschmack assoziiert. Das autobiografische Gedächtnis ist untrennbar mit der Geschmacks- und Geruchsempfindung verbunden und wird durch diese reaktiviert.

Kaffee ist für uns wie eine *madeleine*. Wir trinken ihn bei Gelegenheiten, in denen wir emotional oder sozial engagiert sind. Wir trinken ihn, um unsere Konzentration oder Kreativität zu stimulieren, aber auch, um Freundschaft zu unterstreichen oder eine neue Bekanntschaft zu feiern, als Trost nach einem Versagen oder um einen Sieg zu feiern. Kaffee ist bei jedem wichtigen Moment unseres Lebens eine freundliche Präsenz, etwa wenn wir arbeiten oder lernen müssen, Auto fahren oder etwas schaffen, wenn wir jemand Besonderen kennenlernen oder einfach nur nachdenken. Wie ein Freund ist Kaffee besonders, weil er mit unserer Autobiografie verbunden ist. Doch all das trifft nur zu, wenn der Kaffee gut ist.

Gut für unsere Sinne, ja, aber auch fähig, unsere Psyche zu erfreuen und ein Gefühl von Wohlbefinden zu erzeugen sowie

FAKTOREN DES GENUSSES

Essen ist eng mit unserem emotionalen und autobiografischen Profil verbunden. Wie der primäre olfaktorische Kortex kommuniziert der primäre gustatorische Kortex direkt mit dem limbischen System, das für Emotionen und zu einem großen Teil für das Lustempfinden verantwortlich ist. Aus der Neurowissenschaft wissen wir, dass die Lust, die wir beim Genießen von Lebensmitteln empfinden, durch verschiedene Faktoren beeinflusst werden kann, die nur minimal mit den Sinnen und den organoleptischen Merkmalen des Lebensmittels zusammenhängen.
Diese Hauptfaktoren sind:

- sensorische Merkmale (gustatorisch, olfaktorisch, haptisch, visuell etc.)
- Vorerfahrung mit dem Lebensmittel (oder Getränk)
- unser physiologischer und psychologischer Zustand
- der kognitive Zustand (Verpackung, Marke, Geschichte)
- unsere Umgebung während des Konsums (wo und mit wem wir etwas konsumieren)

dank seiner Eigenschaften, die schweren Krankheiten vorbeugen können, unser Leben zu verlängern. Und er muss im ethischen Sinne gut sein: Kaffee muss Werte repräsentieren, nicht nur für Konsumenten, sondern auch für andere. Eine kleine Geste wie der Genuss einer Tasse Espresso kann dabei helfen, die Welt lebenswert zu machen.

AM URSPRUNG VON GESCHMACK UND AROMA

Entgegen einer weitverbreiteten Ansicht trinken die meisten Menschen Kaffee nicht wegen des Koffeins. Rund neunzig Prozent der Weltbevölkerung konsumieren Koffein auf eine andere Art und Weise, beispielsweise durch Tee, Schokolade, Beeren oder anregende Getränke. Beim Kaffee ist ein anderer Faktor entscheidender: Die Menschen lieben das Aroma und den Geschmack. Man kann Koffein in so vielen verschiedenen Formen zu sich nehmen, die noch schneller und einfacher sind. Warum wird dann ein Getränk gewählt, das so schwierig zuzubereiten ist? Weil die Hauptfunktion des Kaffees – und das können wir mit Zuversicht bestätigen – Genuss ist.

Wenn wir etwas trinken, bewerten wir automatisch und oft unbewusst, was in unseren Mund kommt. Neben dem Aussehen bewerten wir, wie es schmeckt und riecht, das Aroma und die Konsistenz, und im Bruchteil einer Sekunde entscheiden wir, ob wir es mögen oder nicht. Analysieren wir also einen Espresso: Manchmal kann er wie Toast oder Karamell schmecken, doch der Geschmack kann auch fruchtig, blumig oder angenehm bitter sein. Was ist der wissenschaftliche Prozess, der hinter unserem Geschmacksempfinden steckt? Die Signale, die ausgelöst werden, folgen einem genauen physischen Weg innerhalb des Körpers. Sie erreichen das limbische System und treffen auf die Amygdala. Das limbische System, das für emotionale und primordiale Reaktionen zuständig ist, inklusive der Kodifizierung sensorischer Impulse in angenehm oder unangenehm, kommuniziert mit dem präfrontalen Kortex, einem Bereich des Gehirns, der die hedonistischen Systeme enthält, mit denen wir etwas als »gut« oder »schlecht« bewerten. Diese Gehirnbereiche sind dafür zuständig, das Signal in kognitiver, nicht nur sensorischer Hinsicht auszulösen, sowie dafür, eine semantische Bezeichnung zuzuweisen. Das Signal wird entschlüsselt und löst eine verhaltensbezogene Reaktion aus: weiterkonsumieren oder ablehnen. Daher ist das Gehirn nicht lediglich ein passiver Empfänger, sondern trägt dazu bei, Geschmack zu kreieren.

Somit befinden wir uns in dem Bereich, den Gordon M. Shepherd in seinem Buch *Neurogastronomy: How the Brain Creates Flavor and Why It Matters* als Neurogastronomie bezeichnet, eine neue Wissenschaft, die das Geruchs- und Geschmacksempfinden im Gehirn umfasst und analysiert sowie hilft, Phänomene wie Fettleibigkeit oder Leidenschaft für Fastfood zu erklären, Fragen zur Ernährung zu beantworten und Geschmack zu unterrichten. Denn man kann im Geschmack unterrichtet werden: Geschmack ist nicht etwas, das einmal erlebt und auf ein bestimmtes Maß an Empfänglichkeit »kalibriert« wird. Im Gegenteil, Bildung kann unser Geschmacksempfinden verbessern und erweitern. Geschmacksempfinden hängt zu einem großen Teil vom Gedächtnis ab, da Geruchs- und Geschmacksempfindungen vom Gehirn klassifiziert werden, jede mit ihrer eigenen Semantik. Durch Bildung und Training können wir unsere Wahrnehmung verbessern und dadurch eine Form von Eleganz in unserer Wertschätzung des »Guten« erreichen.

WIE WIR GESCHMACK WAHRNEHMEN

Allgemein ist der Geschmack eines Lebensmittels eine Kombination seines Geschmacks und seines Aromas. Der Geschmack wird durch die Geschmacksknospen auf der Zunge kodifiziert. Die Zunge hat hier auch eine zweite Funktion, da wir sie benutzen, um die Konsistenz von Lebensmitteln anhand der Zähflüssigkeit oder der Schärfe wahrzunehmen, die auf die Berührung der Proteine auf den Geschmacksknospen folgt. Das Aroma hingegen wird durch den Geruchssinn wahrgenommen. Der Geruchssinn ist mit dem Geschmack verbunden und lässt uns sowohl die Konzentration als auch die Identität der vielen flüchtigen Moleküle in der Luft wahrnehmen.
Das Bouquet wird durch die Nase wahrgenommen, wohingegen das Aroma an sich eigentlich beim Ausatmen wahrgenommen wird. Das Organ, das wir dafür verwenden, ist die Nase (nicht die Zunge oder der Gaumen). Riechen ist von zentraler Bedeutung für den Geschmack, auch wenn alle Sinne, auch visuelle, haptische und sogar auditive Wahrnehmung, zu seiner Wahrnehmung beitragen. Wir unterscheiden zwischen fünf Geschmäckern: bitter, salzig, süß, sauer und umami (der Geschmack von Mononatriumglutamat, auch herzhaft genannt). Aromen haben ein breites Spektrum und werden retronasal wahrgenommen.

Darum beschäftigen wir uns bei illy nicht nur mit der sensorischen Bildung von Geschmack, sondern auch mit Gehirnuntersuchungen. Wir arbeiten seit Jahren mit Neurowissenschaftlern zusammen und dank Neuroimaging-Techniken wie funktioneller Magnetresonanztomografie (einem wichtigen Mittel zur Analyse des Tiefenhirns) machen wir jeden Tag Fortschritte im Verstehen der Mechanismen, die die Wirkung von Kaffee auf die Sinne und das Gehirn regulieren. Zum Beispiel wissen wir heutzutage, dass der Duft von Kaffee einer der stärksten existierenden olfaktorischen Reize ist und dass die hedonistische Reaktion auf Kaffee sehr stark ist, noch stärker als die, die durch Schokolade ausgelöst wird. Die sensorische Stimulation von Kaffee ist schneller als bei den meisten anderen Lebensmitteln, und wir wissen, dass jeder Reiz unterschiedliche Gehirnbereiche aktiviert und unterschiedliche Wirkungen auf Wahrnehmung und Gedächtnis hat.

DIE ELEGANZ DES GUTEN

Wir haben alle schon Menschen gesehen, die Kleidung oder Schmuckwaren tragen, die nicht zusammenpassen oder überflüssig sind. Wenn man sie einzeln betrachtet, ist jeder Bestandteil ein wertvolles Stück Kleidung oder Schmuck, doch kombiniert lassen sie den Träger pöbelhaft und grell aussehen. Wenn das passiert, bemerken wir, dass etwas Wichtiges fehlt: das Gleichgewicht.
Wie Geschmack balanciert Eleganz die Elemente der verschiedenen Geschmackszutaten (oder Kleidungsstücke), um eine angenehme und proportionale Zusammensetzung zu erhalten. Ansonsten riskieren wir den entgegengesetzten Effekt. Da Kaffee das aromatischste Getränk ist, das wir trinken, ist Ausgewogenheit besonders wichtig. Seine Aromen haben genaue Konzentrationsgrenzen, die beachtet werden müssen, denn bei einer Konzentration über oder unter dieser Grenze kann sich die Erfahrung maßgeblich verändern. Ist der Konzentrationsgrad einer Anzahl von Substanzen zu hoch, können sie nicht mehr wahrgenommen werden. In anderen Fällen kann sich ein herrliches Parfüm in einen sehr unangenehmen Geruch verwandeln. Manchmal verlieren Aromen, die in kleinen Dosierungen positive Eigenschaften haben, diese Eigenschaften über einem

bestimmten Grad. Dies ist der Fall bei einem Aroma in Weißwein, der in Barriques gereift wird. Es wird als sehr auserlesener und angenehmer Geruch angesehen, doch über einer bestimmten Grenze riecht es eher wie – Katzenurin. Eines der feinsten Aromen im Kaffee ist Linalool, welches auch in den feinsten Tees enthalten ist sowie in der Formel für Chanel No. 5. Es verleiht diesen Produkten eine Note, die von der Kombination mit den anderen Aromen abhängt. Eines der am wenigsten edlen Aromen wird als »Rio« bezeichnet und entsteht bei der Kontaminierung durch Schimmel oder Bakterien, was häufig im Kaffee in Brasilien vorkommt. Obwohl das Molekül, das den Geruch verursacht, dasselbe ist, das in korkigem Wein zu finden ist, wird der Geruch in Osteuropa sehr geschätzt.

Um ein ausgezeichnetes Produkt zu erhalten – einen Kaffee, der komplex, elegant und ausgewogen ist –, ist es daher notwendig, eine Formel zu finden, die genau richtig ist. Beim Herstellen von Kaffee ist der wichtigste Faktor die Rezeptur für die Mischung, und wir von illycaffè haben dieser Phase besondere Aufmerksamkeit geschenkt. Unser Ausgangspunkt war wahrgenommene Qualität und eine einfache Beobachtung: Die meisten Menschen lieben manche Geschmäcker und verabscheuen andere. Wieso?

Hier sind ein paar Beispiele. Wie mögen süßen Geschmack, weil die meisten süßen Lebensmittel in der Natur essbar sind und einen hohen Energiegehalt haben. Im Gegensatz dazu finden wir bitteren Geschmack oft abstoßend, wahrscheinlich, weil giftige Pflanzen fast immer bitter sind. Die Evolution hat in diesen Fällen unseren Geschmack geführt und uns in Richtung Nahrung und weg von potenzieller Gefahr gedrängt. Doch wenn Kaffee bitter ist, wieso ist er überall auf der Welt beliebt? In Wahrheit ist es die Kombination der überlappenden Faktoren von Kultur und Aromen, die Kaffee so begehrt machen.

DER PERFEKTE BLEND

Das Wählen des illy-Aromas war in jeder Hinsicht eine »familiäre« Aufgabe. Mein Bruder Riccardo hatte die Idee, nur einen einzigen Blend zu verwenden und so die Firmenstrategie zu definieren. Da ich in der Wissenschaft tätig bin, verfeinerte ich die Formel. Die anderen Familienmitglieder sowie ein Team von Vorkostern und unser Qualitätslabor wurden nach ihrer Meinung gefragt.

Es war ein langer Prozess. Wir wollten, dass unser Kaffee eine Symphonie von Geschmäckern wurde, und daher begannen wir mit einem Team von Experten, die neun qualitativ hochwertigsten Arabica-Sorten auszuwählen. Es war ein bisschen wie das Anhören von Hunderten von musikalischen Hörproben: Wir baten jede Sorte, uns »ihre Musik« vorzuspielen, und wählten dann die besten aus.

Danach war es Zeit, die Symphonie zu komponieren. Es folgten noch einige Auswahlrunden, in denen die Eingabe der einzelnen Komponenten variiert wurde. Unsere Entscheidungen stützten sich auf drei Rezepte mit sieben Röstungsgraden (unterschiedliche Grade können den Geschmack und das Aroma maßgeblich beeinflussen). Nach diesem aufwendigen Ausschlussverfahren hatten wir zwei Rezepte mit drei Röstungsgraden. Und trotzdem waren wir nicht zufrieden: Nur ein Rezept konnte das beste sein. Also machten wir uns an den letzten Schritt und wählten nur ein Rezept mit zwei Röstungsgra-

den, die sich durch die Farben rot und schwarz unterschieden. Dieses Rezept hat neun Zutaten, und interessanterweise steht die Zahl neun für Wunder. Kann das ein Zufall sein?
Doch unsere Aufgabe war noch nicht erledigt: *Kaizen*, stetige Verbesserung, begleitet uns überallhin. Um dies zu erzielen, begannen wir, unsere Produktionsphasen zu analysieren. Wir begannen bei den Kaffeefeldern, da diese ebenfalls verbessert werden mussten. Zu dieser Zeit war qualitativ hochwertiges Rohmaterial knapp, da die Preise gefallen waren und nach dem Widerruf des Internationalen Kaffee-Abkommens Verwirrung herrschte. Dies war ein schwerwiegendes Hindernis für unser Wachstum, also gingen wir die Veränderung unserer Beschaffungsmethoden an. Riccardo war vom Preis, den Zegna seit Jahren den besten Wollherstellern verliehen hatte, inspiriert und schlug vor, einen jährlich zu vergebenden Preis einzuführen, der an die Bauern, die den qualitativ hochwertigsten Kaffee produzierten, gehen sollte. Dank meines Vaters Ernesto, meiner Schwester Anna, unseres Agronomen Aldir Teixeira, unseres Kommunikationsberaters Antonio De Salvo und der Exporteurfamilie Carvalhaes erbrachte der Prêmio Ernesto Illy de Qualidade do Café para Espresso (oder »Brasilienpreis«, wie wir ihn nennen) bald positive Ergebnisse von unseren brasilianischen Produzenten. Im Laufe der darauffolgenden Jahrzehnte ermöglichte dies dem Unternehmen, den gesamten Kaffee, den es brauchte, direkt von den Produzenten zu beziehen und gleichzeitig die Qualitätsstandards zu erhöhen, bis sie sogar die höchsten des Marktes überstiegen. Es war auch ein Erfolg für die Produzenten, denn sie konnten nicht nur den besten Teil ihrer Ernte zu einem Preis über dem Marktdurchschnitt an illy verkaufen, sondern lernten auch die Grundlagen und Techniken, um die Qualität zu verbessern und höhere Gewinne beim Verkauf des Restes der Ernte am freien Markt zu erzielen.
Nachdem wir den Prêmio Ernesto Illy eingeführt hatten, begannen wir, den Bauern beizubringen, wie man besseren Kaffee produziert, wobei wir besonders auf die Prozesse nach der Ernte achteten. Dann war es Zeit, unsere Bezugsquellen zu diversifizieren. Wetterbedingungen können die Qualität des Kaffees an seinem Ursprungsort maßgeblich verändern, doch der Blend muss konstant bleiben und darf nicht durch diese Probleme beeinträchtigt werden. Die Diversifizierung der Ursprungsorte ermöglicht uns, Unterschiede, die bei Herstellern von einem

DER ERNESTO-ILLY-PREIS

Die Geschichte von illycaffè in Brasilien begann 1991. Ernesto Illy war der Erste, der in die ländlichen Regionen Brasiliens reiste, um mit Kaffeeproduzenten über einen Markt zu sprechen, der bereit war, noch mehr als den Marktpreis zu bezahlen, um ein qualitativ hochwertigeres Produkt zu erhalten. Durch die Förderung von Qualität und Wissensaustausch hat illycaffè die Wertschöpfungskette von ganz Brasilien unterstützt, und im Laufe der Zeit wurde der Preis Prêmio Ernesto Illy de Qualidade do Café para Espresso, der jedes Jahr an den Produzenten geht, der den qualitativ hochwertigsten Kaffee produziert, zum wichtigsten nationalen Preis für die Qualität von Kaffee. Seit 2008 wird der Wettbewerb zur Ehrung seines Gründers als Ernesto Illy Quality Award for Espresso Coffee bezeichnet.

Um die gewissenhaftesten Teilnehmer dieses Preises zusammenzubringen, wurde 2000 der Clube illy do Café gegründet, um Aktivitäten in den Bereichen Austausch und Training zu fördern. 2001 wurde der Preis für den umweltbewusstesten Bauern eingeführt, und seit 2012 regt der Prêmio Ernesto Illy Regional die Teilnahme in allen zehn der wichtigsten Produktionsgebiete an: dem Staat Espírito Santo, Minas Gerais (in Cerrado Mineiro, Chapada de Minas, Matas de Minas und Sul de Minas aufgeteilt), dem mittleren Westen, dem Norden und Nordwesten und den südlichen Regionen Rio de Janeiro und São Paulo.

Am 25. Jahrestag des Ernesto-Illy-Brasilienpreises im Jahr 2016 wurde der Preis mit der Einführung des ersten Ernesto Illy International Coffee Award international. Der Preis wird in New York verliehen und umfasst die neun Herstellerländer, die den einzigartigen illy Blend ausmachen.

Mit diesem Preis möchte illycaffè das Engagement der Kaffeebauern für Qualität und Nachhaltigkeit anerkennen und die Wichtigkeit, mit ihnen Hand in Hand zu arbeiten, betonen. Gleichzeitig strebt das Unternehmen danach, seinen Traum vom besten Kaffee der Welt zu erfüllen.

Jahr aufs nächste auftreten können, zu kompensieren. Zugleich bereichert die Diversifizierung auch das aromatische Spektrum. Daher stammen die Zutaten des illy Blends aus rund zwanzig verschiedenen Ländern und aus insgesamt über fünfzig Produktionsgebieten. Zuletzt mussten wir die Verbreitung dieser Qualitätskultur organisieren. So wurde ein paar Jahre später die Università del Caffè gegründet.

DIE PARTITUR DER QUALITÄT

Ein guter Blend muss harmonisch sein. Jede einzelne Zutat muss eine genaue aromatische Note haben, und die Kombination der Zutaten muss der Komposition einer Melodie gleichen, die wir über unseren Gaumen hören. Daher muss ein perfekter Blend makellos harmonisiert und meisterhaft von den verschiedenen Komponenten »dargeboten« werden. Als ich in den frühen 1990er-Jahren in das Unternehmen einstieg, führte illycaffè strenge Qualitätskontrollen durch. Die Kaffeebohnen wurden gekauft, nachdem sie in den Anbauländern ausgesucht worden waren, und wurden nach ihrer Ankunft in Triest nochmals kontrolliert. Diese Kontrollen wurden in unserem Labor durchgeführt und sein gefürchteter Leiter gab den anderen Abteilungen Befehle wie ein Chefkoch in seiner Küche oder ein Dirigent seinen Musikern.
Während meiner ersten Monate im Unternehmen war ich noch nicht ganz mit den Paradigmen der Qualitätskontrolle vertraut, doch es dauerte nur ein paar Tage, bis mein Team und ich merkten, dass etwas nicht stimmte. Die Laborexperten versuchten, eine Symphonie zu spielen, und der Leiter dirigierte, aber wo waren die Partituren? Es gab weder standardisierte Vorgehensweisen noch eine Methode, die Wirksamkeit und Effizienz garantieren konnte. Wir mussten in die Qualitätskontrolle eingreifen, doch die Umsätze stiegen während dieser Zeit um 25 Prozent pro Jahr an, und das Labor konnte kaum mit den regulären Kontrollen mithalten. Eines Tages bemerkte das auch der Laborleiter. Er sagte mir: »Ich brauche dreimal so viel Personal, um dieses Tempo halten zu können, und sogar dann glaube ich nicht, dass ich die geforderte Kontrolle garantieren könnte.« Nicht einmal das verdreifachte

Personal würde reichen? Es war ein echtes Problem, zum Teil auch, weil wir ein noch höheres Ziel im Blick hatten: keine Fehler.
Obwohl ich gerade erst begonnen hatte, wusste ich, wie wichtig es war, dass die Produktqualität als hoch angesehen wurde und dass sie Erwartungen erfüllte. In Wahrheit ist dies der einzige Weg, um eine Reaktion des Kunden hervorzurufen, sowohl individuell als auch kollektiv, und zwar durch Empfehlungsmarketing. Dies ist ein einfacher und fundamentaler Kommunikationsmechanismus, der genau untersucht worden ist und auf dem sozialen Netzwerk, dem jeder von uns angehört und das aus Familienmitgliedern, Freunden und Kollegen besteht, basiert. Wenn wir mit der Qualität eines Produkts zufrieden sind, werden wir wahrscheinlich mit Menschen, die uns wichtig sind, darüber sprechen und es weitersagen. Wir folgen präzisen gesellschaftlichen Mechanismen und kommen von einem sozialen Zentrum, das unseres oder eines des Meinungsführers unserer Gruppe sein kann, zu einem anderen Zentrum, was dann durch einen Vertrauensmechanismus ein weiteres Zentrum beeinflusst. Unser wahres Ziel ist die Qualitätswahrnehmung durch den Kunden – eine Kombination der Qualität, die der Konsument erwartet, der eigentlichen Qualität des Produktes und der Qualität, die die Marke verspricht, woran wir die Glaubwürdigkeit eines Unternehmens erkennen können.
Die große Frage war die folgende: Wie würden wir noch höhere Qualitätsstandards anstreben können, wenn wir bereits an der Grenze unserer Leistung angelangt waren? Für mich waren Schwierigkeiten schon immer ein Impulsgeber für Fortschritt: Wenn wir uns überfordern, können wir unsere eigenen Fähigkeiten übertreffen. Es müssen auch neue Lösungen gefunden werden. Unser Ziel war, eine Methodologie zu schaffen und quasi eine musikalische Partitur zu verfassen. Es war nicht nur eine Gelegenheit sicherzugehen, dass unser Kaffee immer die höchste Qualität haben würde, sondern auch, dass ethische Werte die gesamte Produktionskette durchziehen würden. Nachdem wir dies festgestellt hatten, fanden wir bald die Lösung, die als einzige möglich war: das Streben nach vollkommener Qualität, das die Einbeziehung und den Einsatz jedes Angestellten und Mitarbeiters erforderte, um die Ziele des Unternehmens zu erfüllen. So schufen wir das Qualitätssystem von illy, das heute zertifiziert ist und sich auf über 140 Qualitätskontrollen stützt. Mithilfe dieses Systems werden jede Sekunde über 20 000 Kaffeebohnen

anhand von über zehn Kriterien entlang der gesamten Produktionskette kontrolliert.
In den 1990er-Jahren waren die Japaner die Meister der vollkommenen Qualität. Alles, was heute chinesisch ist, war damals japanisch: Haushaltsgeräte, High-Tech-Produkte, Autos. Doch die Qualität war höher. Toyota war an der Spitze und ihre Produktprüfung war streng und beinahe legendär. Wenn wir etwas lernen wollten, mussten wir zu den Besten gehen.

UNTERWEGS IN JAPAN

Meine ersten Reisen nach Japan waren voll von Neugier und Impulsen und begannen mit ein paar »Abenteuern«. Das war in den frühen 90er-Jahren und wir wussten im Westen noch nicht viel über Japan. Ich war italienische Züge gewohnt und weiß noch, wie fasziniert ich war, als ich aus dem Hochgeschwindigkeitszug der Shinkansen-Linie ausstieg und bemerkte, dass die Tür genau auf der gelben Linie aufgegangen war. Ganz zu schweigen von seiner Pünktlichkeit: Man hätte seine Uhr nach diesem Zug stellen können. Die Perfektion beeindruckte mich, doch da ich noch jung war, war ich auch etwas besorgt über die Geschäftstreffen, die ich leiten würde. Mehrere wichtige Treffen waren organisiert worden, und ich wusste, dass die Japaner sehr förmlich waren. Ich hatte Angst, dass ich einen Fauxpas begehen würde. Natürlich passierte genau das. Ich beging ein Vergehen, das in Japan nur sehr widerwillig vergeben wird: Ich kam zu spät. Ich war zum Abendessen im Haus eines potenziellen Vertriebspartners eingeladen und beschloss, einen Blumenstrauß für die Dame des Hauses zu kaufen. Bevor ich mich von meinem Dolmetscher verabschiedete und in ein Taxi stieg, bat ich ihn, dem Taxifahrer die Adresse zu geben und ihn zu bitten, unterwegs bei einem Blumenhändler stehenzubleiben. Doch als wir durch die Straßen von Tokyo fuhren und einen Blumenhändler suchten, der noch offen hatte, hatte ich an einem bestimmten Punkt den Eindruck, dass wir immer wieder an den gleichen Kreuzungen vorbeifuhren. Es wurde immer später und ich machte mir Sorgen. Dann fiel mir ein, dass Straßennummern in Tokyo in der Reihenfolge zugeteilt werden, in der sie gebaut wurden. Viel-

DER ILLY BLEND

Der beste Kaffee, den die Natur zu bieten hat, optimiert durch Verarbeitungstechniken, die die effizienteste Technologie verwenden, zusammen mit acht Jahrzehnten unternehmerischer und familiärer Passion – das ist der illy Blend: neun Sorten Arabica-Kaffee von den besten Ernten auf drei Kontinenten, direkt von den Kaffeebauern bezogen. Der Blend wird ständig optimiert, um trotz Unterschieden in den einzelnen Ernten einen gleichbleibend hervorragenden Geschmack sicherzustellen. Der illy Blend wird gemischt, bevor er geröstet und luftgekühlt wird, und dank der Überdruckverpackung bleiben seine sauren, blumigen, fruchtigen, Karamell-, Toast- und Schokoladenoten mit einem Hauch Mandel und Honig perfekt erhalten. Beim Kosten offenbart sich ein breites aromatisches Spektrum, das zwischen Säure und Bitterkeit liegt, vollmundig mit einem süßen Nachgeschmack, der schokoladig und anhaltend ist.
Dieser einzigartige Blend ist der Inbegriff von Balance und Eleganz. Jede Sorte trägt zum Endergebnis bei, das den Geruchs- und Geschmackssinn des Genießers erfreut. Sie bieten gemeinsam eine Vollkommenheit, die kein Arabica-Kaffee aus eigener Kraft garantieren könnte.

MONOARABICA

Vor ein paar Jahren beschloss illycaffè, die neun großen Ursprungssorten des Blends als eigene Kaffeesorten anzubieten, damit Konsumenten verstehen konnten, wie viel jede einzelne Zutat zum Blend beiträgt.
Jede Kaffeesorte ist unverwechselbar mit dem Gebiet verbunden, aus dem sie ihren Geschmack und ihre Aromen beziehen, und sie erzählt die Geschichte der Region. Jeder kann seinen Lieblingsgeschmack wählen und mit einer Tasse Kaffee eine Reise um die Welt machen.

Brasilien

Brasilien ist der weltweit größte Hersteller von Arabica-Kaffee. Er wird hauptsächlich im Hochland des Südostens des Landes angebaut, wo das Klima dank der abwechselnden Regen- und Trockenperioden ideal für den Kaffeeanbau ist.
Das Aroma ist rund und intensiv. Die vollmundige, samtige Konsistenz garantiert authentisches, fühlbares Vergnügen. Besondere Süße und ausgeprägte Schokoladenoten werden durch einen Hauch Karamell und Toast verfeinert.

Kolumbien

In Kolumbien sind die Anden in drei Gebirgsketten aufgeteilt, die ideal für den Anbau von qualitativ hochwertigem Kaffee sind. Die verschiedenen Erd-, Höhe- und Klimakombinationen machen dieses Gebiet einzigartig, da Kaffee bis zu zweimal pro Jahr geerntet werden kann.
Das Aroma ist intensiv, und die mittlere Vollmundigkeit erhöht das perfekte Gleichgewicht von Süße, Säure und Bitterkeit. Es setzt überraschende Noten von Karamell und getrockneten Früchten mit einem feinen Hauch Schokolade und Toast frei.

Costa Rica

In Costa Rica ist Umweltverträglichkeit ein wichtiger Faktor für den Kaffeeanbau. Die schonende Nutzung von Wasserressourcen und agrochemischen Substanzen schützt die Gegend und erhält die bedeutende Artenvielfalt des Landes.

Mit seiner perfekten Synthese von Süße und Säure, Vollmundigkeit und Bitterkeit ist dieser Kaffee dank starker Schokolade- und Karamellnoten mit zarten Spuren von Toast, Orangen, Honig und Vanille einzigartig.

Äthiopien

Es heißt, dass Kaffee aus den Wäldern Äthiopiens stammt, wo Kaffeepflanzen bis heute spontan in der schattigen Vegetation wachsen. Hier wird Kaffee händisch auf Plantagen oder in Gärten geerntet, wo er neben anderem Erntegut angebaut wird.

Dieser besondere Kaffee ist geprägt durch sein süßes und zartes Aroma. Er hat einen einzigartigen Duft mit blumigen Jasminnoten, kombiniert mit zarten Spuren von Zitrusfrüchten.

Guatemala

In Guatemala wächst Kaffee in unberührten Gebirgsregionen, wo die Landwirtschaft auf die Artenvielfalt Rücksicht nimmt und die Reichhaltigkeit der Erde erhält. Die heißen mexikanischen Winde mildern die Frische des Hochlands, und Kaffee kann auf bis zu 2000 Metern (6561 Fuß) über dem Meeresspiegel angebaut werden.

Der intensive Duft dieses Kaffees weist eine markante Süße und eine reiche Fülle von Aromen auf, mit Noten von Schokolade, Karamell, Zitrusfrüchten und Honig.

Indien

In Indien wächst Kaffee im Schatten dichter Vegetation neben Pfeffer, Vanille, Kardamom und Zitrusfrüchten. Diese reiche Vielfalt garantiert die langfristige Qualität der Umwelt und den Wohlstand der örtlichen Gemeinschaften, die Kaffee anbauen.

Dieser Kaffee hat ein markantes und entschlossen bitteres Aroma. Seine Vollmundigkeit wird begleitet von intensiven Kakao- und Toastnoten und hinterlässt einen angenehm schokoladigen, leicht süßen Nachgeschmack.

Tansania

Das milde Klima in Tansania alterniert zwischen Trockenperioden und starkem Regen, was ideal für den Kaffeeanbau ist. Kaffee wird im vulkanischen Hochland im Nordosten und in den Gebieten der großen Seen im Nordwesten angebaut. Neunzig Prozent des Kaffees werden von Kleinbauern erzeugt.

Der volle und feine Geschmack wird verfeinert durch zarte Noten von frischem Obst und Zitrusfrüchten.

El Salvador

In El Salvador wird Arabica-Kaffee im Hochland angebaut. Der Kaffeeanbau ist wesentlich für die wirtschaftliche und gesellschaftliche Nachhaltigkeit des Landes. Drei Viertel des hergestellten Kaffees werden exportiert.

Süße und Säure gleichen sich mit einer natürlichen Eleganz aus und erzeugen ein starkes, vollmundiges Aroma. Der Geschmack wird durch Karamellnoten, einen sehr zarten Hauch Honig und Spuren von Obst abgerundet.

Nicaragua

In Nicaragua wird Kaffee in bergigen, vulkanischen Gegenden angebaut. Die Kaffeebohnen wachsen neben anderem Erntegut, das die Bevölkerung erhält. Die Produktion kann aufgrund kontinuierlicher politischer Instabilität variieren. Kaffee macht ein Drittel des Lebensmittelexports des Landes aus.

Mit einem guten Gleichgewicht von Säure und Milde hat dieser Kaffee einen vollmundigen und angenehmen Geschmack. Markante Karamellnoten verschmelzen mit dem Duft von Toast und einem leichten schokoladigen Nachgeschmack.

leicht war es eine neue Straße und der Taxifahrer hatte sich verirrt. Das beunruhigte mich, da Zuspätkommen wahrscheinlich der schlechteste Weg war, ein Arbeitsessen zu beginnen. Durch Gesten bat ich den Fahrer, bei einer Telefonzelle stehenzubleiben und für mich zu telefonieren. Nach dem Telefonat erreichten wir schnell unser Ziel.
Als ich an die Tür meiner Gastgeber klopfte, war es mir sehr peinlich, dass ich mit leeren Händen gekommen war, und ich entschuldigte mich vielmals bei der Gastgeberin. Sie erklärte gelassen, dass ich mir keine Sorgen machen sollte. Als der Taxifahrer angerufen hatte, hatte er nicht, wie ich gedacht hatte, nach dem Weg gefragt, sondern um die Erlaubnis, mich dort ohne Blumen abzusetzen. Das war für mich eine klare Demonstration, wie tief verwurzelt das Konzept des Pflichtbewusstseins in Japan ist sowie die Notwendigkeit, eine Aufgabe immer nach bestem Wissen und Gewissen zu erledigen. Dieses Gefühl, das so tief in der Seele des Landes verwurzelt ist, bewirkte den Erfolg der vollkommenen Qualität.

VOLLKOMMENE QUALITÄT

Am Ende des Zweiten Weltkrieges war der Großteil der Industrie Japans zerstört. Die Vereinigten Staaten schickten William E. Deming und Joseph M. Juran zur Unterstützung des Wiederaufbauprozesses nach Japan. Die beiden arbeiteten als Berater für bedeutende japanische Unternehmen und verbreiteten die Grundsätze der vollkommenen Qualität. Die Theorien, die Deming, ein Statistikexperte, und Juran, ein Organisationsexperte, verbreiteten, waren in den USA nur kühl aufgenommen worden, doch in Japan fielen sie auf fruchtbaren Boden und brachten ausgezeichnete Ergebnisse hervor.

Im Allgemeinen steht vollkommene Qualität für die Wichtigkeit der Qualität als Wettbewerbsfaktor, die Wichtigkeit der Beteiligung des Vorstands und des gesamten Unternehmens an Initiativen, um das Unternehmen zu verbessern, und Statistik als Schlüsselmethode für das Qualitätsmanagement eines Unternehmens. Heute sind einige der Grundsätze vollkommener Qualität Teil der ISO 9001:2015-Norm, die die sieben Managementindikatoren definieren, die ein Unternehmen befolgen muss:

- Kundenorientierung
- Führung
- Einbindung von Menschen
- Prozessorientierte Verfahrensweise
- Ständige Verbesserung
- Sachbezogene Entscheidungsfindung
- Lieferantenverhältnis zum beiderseitigen Vorteil

QUALITÄT KANN MAN LERNEN

Wenig später begannen wir, mit einem bedeutenden japanischen Lebensmittelkonzern zusammenzuarbeiten. Dank unseres Rufs konnten wir mit ihnen innerhalb nur einiger Monate ein Geschäft abschließen, und nicht erst nach mehreren Jahren, wie es meistens der Fall ist. Dies war natürlich eine große Befriedigung für illycaffè, doch es war sofort klar, dass wir uns nicht auf unseren Lorbeeren ausruhen konnten. Unsere Qualität mochte ein ausreichender Ausgangspunkt sein, doch wir waren immer noch weit entfernt von japanischen Standards.
Dies wurde ein paar Tage nach dem Vertragsabschluss bestätigt, als wir einen zweiseitigen Brief erhielten, der Produktbeschreibungen in noch nie dagewesener Detailgenauigkeit forderte.
Da die Japaner die gleichen Ansprüche an die Kaffeezubereitung hatten, beschlossen wir, ihnen einen der professionellsten Kaffeebar-Inhaber Italiens zu schicken, um ihnen die richtige Herangehensweise zu zeigen. Mein Vater begleitete ihn, und so wurde die Idee, die Università del Caffè zu gründen, geboren. Dieses Kompetenzzentrum bildet nicht nur Kaffeeproduzenten aus, sondern bringt auch Kaffeebar-Inhabern aus aller Welt bei, wie man den besten Kaffee zubereitet, den die Natur zu bieten hat. Denn Qualität kann sehr wohl gelernt werden.

KAIZEN

Ich habe viel im Zuge meiner Aufenthalte in Japan gelernt. Das Wichtigste, was ich gelernt habe, kann in einem Wort zusammengefasst werden: *Kaizen*, stetige Verbesserung. Durch die Verwendung von Techniken für vollkommene Qualität haben wir unseren Kaffee verbessert und verbessern ihn immer noch ständig. Alles ist ein Transformationsprozess und Verbesserung ist immer möglich.
Als ich von Toyota zurückkehrte, setzten wir unser angeeignetes Wissen in die Praxis um und steuerten sofort die Null-Fehler-Produktion an. Es schien wie ein Wunschtraum, doch innerhalb kurzer Zeit waren wir bereits bei 0,07 Prozent Defekten

angelangt. Trotzdem muss sich ein Produkt immer wieder verändern, um sich weiterzuentwickeln und sich den Ansprüchen und Veränderungen des Marktes anzupassen.
Es gibt immer etwas Neues zu lernen, und Jahre später gelangten wir von Japan direkt ins Zentrum der Innovation, zu MIT in Boston, und dann zu Porsche, einem weiteren Qualitätsriesen. Nach einer innerbetrieblichen Krise hatte Porsche dank *Kaizen* ein Beratungsunternehmen gegründet, das seinen Kunden das Know-how der Firma zur Verfügung stellte. Das Unternehmen fördert straffes Management und gibt Auskunft, wie Prozesse verbessert werden können, wie an der Bedeutung des Produkts gearbeitet werden kann und wie Abfall reduziert werden kann.
Warum müssen wir immer weiterlernen? Das ist einfach: Weil der Weg zur Perfektion keine Pausen zulässt, und Kaizen ist ein endloser Weg, auf dem Innovation und Verbesserung konstant in Bewegung sind.

JENSEITS DER ZERTIFIZIERUNGEN

Nachdem wir die Qualität, die wir jahrelang angestrebt hatten, erreicht hatten, entschieden wir, sie zu zertifizieren wie den Transparenzgrundsatz, eine Wertvorstellung von illycaffè. 1992 war illy eines der ersten Unternehmen, die die Qualité-France-Zertifizierung erhielten, und 1996 erlangte illy die ISO-9001-Zertifizierung, die bescheinigt, dass die Produktionssysteme bestimmten Qualitätsstandards entsprechen. 2003 erhielten wir die ISO-14001-Zertifizierung, ein internationaler Standard, der das Umweltmanagement von Unternehmen bewertet. Wir waren das erste Unternehmen im Kaffeesektor, das diese Zertifizierung bekam.
Und trotzdem fehlte noch etwas: Das ISO-System hatte keine Norm, die die Nachhaltigkeit der Lieferkette kontrollierte, was zu einem unserer Aushängeschilder geworden war. Daher musste ein neues Protokoll geschaffen werden, zum Teil, da keine Zertifizierung streng genug war, um den Grad zu erkennen, den wir erreicht hatten. Wir beauftragten Det Norske Veritas (DNV GL), eine Studie zur Realisierbarkeit eines neuen Protokolls durchzuführen: die »Responsible Supply Chain Process«-Zertifizierung, die einem Unternehmen bescheinigt, nachhaltige Ver-

DIE UNIVERSITÀ DEL CAFFÈ

Eine der Funktionen der Wissenschaft der Sinne ist, uns dabei zu helfen, die vielen Wege, auf die unsere Wahrnehmung beeinflusst werden kann, zu verstehen. Zum Beispiel wissen wir heute, dass Schönheit zu unserer Wahrnehmung des Guten beiträgt. Daher sind Gerichte von Chefköchen meistens auch schön anzusehen. Es wird genau auf jedes Detail geachtet und manchmal ist sogar das Geschirr verziert. Wir wissen auch, dass Geschichtenerzählen, oder die »Narration« darüber, was ein Gericht oder ein bestimmtes Lebensmittel enthält, unsere Geschmackswahrnehmung um bis zu fünfzig Prozent steigern kann, im Gegensatz dazu, wenn wir diese Information nicht bekommen. Darum erzählt ein gutes Restaurant von seinen Gerichten, ihrer Geschichte und der Zubereitungsart. Durch Narration wissen wir, was wir essen, und wir können es daher noch mehr schätzen. Aus denselben Gründen muss ein Kaffee nicht nur perfekt hergestellt und konserviert, sondern auch verstanden, studiert und ständig verbessert werden.

Daher wurde die Università del Caffè von illycaffè gegründet (1999 in Neapel, dann 2002 nach Triest verlegt). Sie unterstützt die Entwicklung und Verbesserung der gesamten Produktionskette von illy durch Ausbildungsmaßnahmen und die Verbreitung der Kultur des Kaffees. Es ist ein privilegierter Ort, der Gastronomen, Baristas und Kaffeeproduzenten ebenso gewidmet ist wie Kaffeeliebhabern und ambitionierten Kennern, die die große Leidenschaft von illycaffè für das Wissen teilen.

Bei wichtigen Veranstaltungen bezieht die UDC die Öffentlichkeit in dieses geteilte und weitverbreitete Wissen mit ein, was eine Gelegenheit darstellt, Kaffee zu einer kulturellen Bewegung zu machen und eine große Gemeinschaft von Kaffeeliebhabern zu bilden.

Mit seinem Hauptcampus in Triest und zahlreichen Zweigstellen, die von Shanghai bis São Paolo reichen, ist die UDC auf der ganzen Welt präsent. Sie ist ein internationales Netzwerk, das die Lieferanten, Mitarbeiter und Kunden von illy unterstützt und die höchste Qualität in jedem Marktumfeld garantiert. Im Laufe der Jahre hat dieses große Projekt von Partnerschaften mit der Universität Innsbruck, der Carlo-Cattaneo-Universität, der *Università degli Studi di Scienze Gastronomiche* (Universität für gastronomische Wissenschaften) in Pollenzo, der MIB (der Handelshochschule in Triest), dem Kaffeevorstand von Indien und der *Federación Nacional de Cafeteros* (Verband der Kaffeeerzeuger) in Kolumbien Gebrauch gemacht.

Durch die Ernesto-Illy-Stiftung hilft die Università del Caffè von illycaffè, das einzige Masterstudium in Kaffeeökonomie und Kaffeewissenschaft in Zusammenarbeit mit der Universität Triest, der Universität Udine, der SISSA (einer internationalen Schule für fortgeschrittene Studien), dem CBM-Cluster in Biomedicine und dem Trieste Coffee-Cluster (der Agentur für die Entwicklung der Kaffeeindustrie von Triest) zu organisieren. Im Verlauf ihrer ersten 18 Jahre haben über 200 000 Menschen an über 25 Zweigstellen der Università del Caffè studiert.

QUALITÄT IN EINER TASSE

Über hundert Faktoren sind für die Qualität einer Tasse Kaffee verantwortlich, und sie können folgendermaßen unterteilt werden:

- Genetik der Pflanze
- die ökologische Nische, in der die Pflanze lebt, und wie sie gepflegt wird
- Verarbeitung nach der Ernte (eine der kritischsten Phasen)
- Logistik (Prozessplanung und Methoden)
- Mischung (gegebenenfalls)
- Röstung
- Verpackung
- Transformation in der Tasse

Die Qualität einer Tasse Kaffee kann aufgrund von mittelmäßigen Sorten, unsachgemäßen Verarbeitungsmethoden, Kontaminierung durch Schimmel, beschädigten Kaffeebohnen durch schlechte Ernährung der Pflanze oder allgemein durch alles, was zum Verderb der Bohnen beitragen kann, schlecht sein. Da Kaffee ein landwirtschaftliches Erzeugnis ist und als solches Veränderungen unterliegt, ist die Qualität mit der Fähigkeit verbunden, geeignete Bohnen auszuwählen und mangelhafte zu entsorgen.

fahren entlang der gesamten Produktionskette anzuwenden. Diese innovative Zertifizierung weist der Qualität und der Wertschöpfung eine entscheidende Rolle zu. DNV GL arbeitete zwei Jahre lang daran. Es wurde eine Collage bereits existierender Normen erstellt, und illycaffè wurde als Pilotunternehmen verwendet. Es war eine enorme Arbeit für uns, für sie und für jeden, der diese Zertifizierung erhalten will. Unternehmen werden anhand von mehr als sechzig verschiedenen Leistungsindikatoren bewertet, und um diese Zertifizierung zu erlangen, müssen sie Richtlinien in die Wege leiten, die vollkommen transparent, nachhaltig und gerecht sind. Wenn DNV GL erwartet hat, das Protokoll auch auf andere Unternehmen anwenden zu können, muss sie enttäuscht gewesen sein, denn bis jetzt, auch Jahre später, wurde es von keinem anderen Unternehmen übernommen. Wir sind stolz auf unsere Pionierrolle im Streben nach Nachhaltigkeit. Dieses Gütesiegel wird auch von bedeutenden Institutionen wie Ethisphere anerkannt, die fünf Jahre hintereinander den World's Most Ethical Company®-Preis der internationalen Ver-

ZERTIFIZIE-RUNGEN VON ILLYCAFFÈ

1992
Qualité France
Bescheinigt die Konformität des Produkts mit vereinbarten Regelungen, die größtmögliche Kundenzufriedenheit garantieren.

1996
ISO 9001
Bescheinigt, dass die Organisation exakte Qualitätsanforderungen erfüllt, um Produktkonformität und Kundenzufriedenheit zu garantieren.

2003
ISO 14001
Bescheinigt, dass das Unternehmen die Umweltbelastung seiner Tätigkeiten kontrollieren kann, um sie logisch, effizient und vor allem nachhaltig zu verbessern.

2004
Registrazione EMAS
Bescheinigt die kontinuierliche Verbesserung der Umwelteffizienz der industriellen Tätigkeiten.

2011
Responsible Supply Chain Process
Eine Zertifizierung der Gesellschaft DNV GL, die die Nachhaltigkeit der illy Wertschöpfungskette bescheinigt.

2013, 2014, 2015, 2016 und 2017
Das Ethisphere Institut benennt illycaffè als World's Most Ethical Company® (weltweit ethischstes Unternehmen).

einigung ICRT (International Consumer Research and Testing, Ltd.) an uns verlieh. Die Institution führte eine Studie über Kaffeeunternehmen durch und platzierte illycaffè an Position 1 in Sachen Nachhaltigkeit.

LAURINA: EINE BESONDERE PFLANZE

Ich erinnere mich noch an das Jahr 1989 und meine erste Geschäftsreise. Ein Forscher und ich besuchten das General Foods Forschungsinstitut in Tarrytown, New York, denn ein Agronom hatte meinem Vater von einem ungewöhnlichen und ambitionierten Forschungsprogramm, das dort stattfand, erzählt. In den letzten Jahren hatten die Genetiker des Instituts somaklonale Variation (was keine GVO-Technik ist) verwendet, um 20 000 Kaffeepflanzen zu schaffen, wodurch die genetische Vielfalt explodierte. Die Keimlinge waren gepflanzt worden, um zu untersuchen, wie sie sich verhalten würden, und um dann die interessantesten auszuwählen und anzubauen. Doch das Programm war zu zeitaufwendig und teuer geworden. Die 20 000 Keimlinge waren ein wirklich bizarrer Anblick, denn es war klar, dass sie voll entwickelt alle unterschiedlich sein würden: Manche

waren groß, andere buschig und wieder andere waren so hager, dass es mir ein Rätsel war, wie sie überleben konnten. Einige davon schienen interessant, doch es würde ein ungemeines Unterfangen sein, sie alle zu erhalten, sogar für einen Riesen wie Giant Foods, der beschloss, das Projekt aufzugeben.
Nachdem ich nach Italien zurückgekehrt war, fragte mich mein Vater nach meiner Meinung. Er war sehr an dem Projekt interessiert und wollte wissen, was ich davon hielt, das gesamte Programm zu übernehmen. Ich kann mich noch genau an meine Antwort erinnern: »Es wäre so, wie zu hoffen, eine Fliege mit einer Donnerbüchse zu treffen.« Zuerst schien er enttäuscht, doch in den Tagen danach merkte ich, dass ich seine Begeisterung nicht erstickt hatte. Er war in die Idee verliebt, und wie jeder Liebhaber ignorierte er die Stimme der Vernunft. Schlussendlich setzte er natürlich seinen Kopf durch und wir übernahmen die Pflanzen. Wir mussten sie in einen besseren Lebensraum verlegen, um zu verstehen, welche die besten Pflanzen waren, und um zu sehen, ob irgendwelche davon Variationen aufwiesen, die sie für den Markt interessant machen könnten. Aus diesem Grund suchten wir einen willigen Unternehmer. Wir fanden einen in Brasilien, der uns einige tausend Pflanzen auf seiner Fazenda anbauen ließ.
Jedes Jahr kamen wir, um nach ihnen zu sehen. Es war ein seltsamer Anblick: Als sie wuchsen, begannen die Pflanzen sich von-

einander zu unterscheiden. Die interessanteste war die Laurina, groß und schlank wie ein Weihnachtsbaum mit Kaffeebohnen, die kleinen Fußbällen ähnelten. Diese Pflanze hatte ein einzigartiges Merkmal: Der durchschnittliche Koffeingehalt in ihren Bohnen war sehr niedrig, rund 0,6 Prozent, verglichen mit den beinahe 2,8 Prozent der Robusta-Sorte und den 1,2–1,5 Prozent der Arabica-Sorte. Im Grunde war es natürlich koffeinfreier Kaffee, der Traum eines jeden Kaffeeunternehmens. Entkoffeinierung ist teuer, potenziell umweltschädlich und außerdem sind viele Konsumenten davon überzeugt, dass sie gesundheitsschädlich ist (was nicht stimmt). Der Kaffee aus den Bohnen der Laurina-Pflanze hatte ein zartes und wohlriechendes Aroma.
Obwohl sie wie die perfekte Pflanze schien, waren wir nicht die ersten, die sie entdeckt hatten. Sie war bereits bekannt, war jedoch übergangen worden, da sie aufgrund ihrer sehr dünnen Zellwände zu empfindlich und schwierig anzubauen war. Manche der Pflanzen, die der somaklonalen Variation entstammten, schienen stark genug, doch andere wuchsen nicht. Sie kämpften ums Überleben und starben letztendlich.
Wir kamen zu dem Schluss, dass Brasilien nicht die richtige Gegend für sie war. Wir überlegten aufzugeben, doch meine Schwester Anna bestand darauf, ein noch milderes Klima und eine bessere Gegend in Zentralamerika zu finden. Wir fanden den richtigen Ort in El Salvador, und unser lokaler Partner ließ uns die Laurina-Pflanze auf seinem Grundstück anbauen, das sich inmitten eines unglaublichen Umfeldes erstreckte: Berge und Täler mit emporragenden Vulkanen, die das Land fruchtbarer machten. Die Kultur deckte rund fünfzig Hektar ab: eine »limitierte Ausgabe«, die langsam, aber sicher größer wurde.
Die Laurina ist nicht einfach zu pflegen. Sie faszinierte uns, doch es war ein Kampf, sie zu bezwingen. Daher beschlossen wir, sie den Liebhabern des koffeinfreien Kaffees zu widmen. Wir nannten ihn *Idillyum*: ein Abendkaffee, ein Kaffee für nach dem Abendessen, der für einige wenige glückliche Liebhaber bestimmt war.
Dieses mühsame Abenteuer erfüllte uns und machte meinem Vater große Freude. Es verlieh ihm sogar persönliche Ehre: Er erhielt für seine Arbeit mit der Laurina-Pflanze ein Ehrendiplom in Lebensmittelwissenschaft und -technologie von der Universität Udine. Ich weiß, dass das Diplom in Wirklichkeit für »Beharrlichkeit im Verfolgen seiner Träume« steht.

INNOVATION LERNEN

Vor ein paar Jahren – in den frühen 2000er-Jahren – wurde ich von einem Gefühl der Unzufriedenheit geplagt. Alles verlief gut, doch es fühlte sich an, als ob etwas fehlte. Aber was? Ich weiß noch, als ich eines Tages in der Cafeteria, die wir mit unseren Mitarbeitern teilten, saß und zuhörte, wie die Leute um mich herum plauderten. Sie genossen ihre Pause und sahen entspannt aus. Alles schien gut zu sein. Im Laufe der nächsten Tage versuchte ich, die Gründe für meine Sorge zu verstehen, indem ich alles noch genauer beobachtete, und schlussendlich erkannte ich, warum ich unzufrieden war: Wir mussten mehr innovieren. Also tat ich, was ich meistens tue, und lernte von den Besten. Ein paar Wochen später waren unser Forschungs- und Innovationsleiter und ich an der MIT in Boston, um neue Methoden und Produktentwicklung zu lernen. Wir besuchten auch einen Kurs von James M. Utterback, einem Professor für Management und Innovation. Er ist ein genialer Theoretiker. Nachdem er analysiert hatte, wie sich Innovation in den letzten Jahrhunderten entwickelt hat, definierte er ein Dreiphasenmodell, das bei jeder Innovation gleich ist: eine Übergangsphase, eine flüssige Phase und eine spezifische Phase.

Diese drei Phasen sind wesentlich für das Überleben und Wachstum jedes Unternehmens. In der Übergangsphase stellen einige wenige Pioniere eine neue Technologie vor, doch kein Unternehmen kann noch Maßstäbe setzen, und die Konkurrenz ist nicht besonders aggressiv. In der flüssigen Phase versuchen alle, in den Markt einzusteigen, jeder mit seiner eigenen Technologie. In der spezifischen Phase beginnen die Spitzenreiter, eine Politik der verbrannten Erde zu betreiben und ein vorherrschendes Design durchzusetzen. Die Technologien entwickeln sich und die, die sich dem Standard nicht anpassen können, werden abgeschnitten. In dieser Phase konkurrieren Unternehmen um Kosten und Leistung. Die Innovationen betreffen eher die Prozesse als die Produkte, und die Konkurrenz treibt den Markt in Richtung Oligopol.

Einmal erzählte ich Utterback nach einer seiner Lektionen, dass wir seit Jahren an Innovationen im Kaffeepadmarkt arbeiteten. Er lachte herzlich und sagte: »Sie haben keine Ahnung, was bald

im Bereich von Pads passieren wird!« Er öffnete eine Lade und nahm eine Kapsel heraus. Sie hieß später K-cup. »Wir haben sie hier entwickelt und werden sie bald auf den Markt bringen. Sie wird ein großer Erfolg sein.« Ich fand seinen Enthusiasmus übertrieben und schrieb sein Verhalten damals seiner fehlenden unternehmerischen Erfahrung zu. Wie könnte er so sicher sein, dass etwas, das gerade erfunden worden war, so erfolgreich sein würde? Marktdynamik ist oft unberechenbar, und die Kapsel hatte nichts Außergewöhnliches an sich: Sie war ein kleiner Plastikbehälter mit einem Kaffeefilter im Inneren. Was revolutionär war, war die darauffolgende Idee, einen Standard zu entwickeln, sodass Kaffeemaschinen Produkte von verschiedenen Kaffeemarken verwenden konnten. Somit war der »Schlüssel zum Erfolg« die Schaffung eines dominanten Standards und die Bildung eines Zusammenschlusses. Etwa ein Jahrzehnt später zeigt der Markt nun, wie richtig Utterbacks Theorie ist, sogar für Kaffee in Kapseln. Wir Italiener hätten auch etwas Ähnliches machen können. Am Ende der 1990er-Jahre schufen wir neben dem Papierpad für Espressozubereitung das Konsortium für Easy Serving Espresso (ESE), was die Röster und die Espresso-

maschinenhersteller zusammenführte. Obwohl sie am Markt Konkurrenten waren, widmeten sie sich der Förderung der Entwicklung des dosierten »Kaffeesystems«, das aus Kaffeemaschine und Kaffeepad besteht. Die grundlegende Idee war, eine kritische Größe zu erreichen, die ein gemeinsames System auf den Markt bringen würde. Danach würden sie wieder gegeneinander konkurrieren, jeder mit seinen eigenen Spezifikationen.
Doch damals hatten wir nicht die nötige *Coopetition* (eine Unternehmensstrategie, die Kooperation und Konkurrenz in einem empfindlichen Gleichgewicht von Altruismus und Egoismus kombiniert), und schlussendlich war keiner im Konsortium wirklich bereit, Kapital zu investieren. Das förderte implizit die Konkurrenz zwischen proprietären Systemen, die alle nur für eine Maschine geeignet sind. Italiener haben viel Fantasie, doch wir sind oft zu individualistisch. Das macht uns ungeeignet für große gemeinsame Projekte, die eher den Amerikanern liegen. Sie arbeiten zusammen und werden vom Markt belohnt. In der Komplexität der internationalen Märkte müssen wir innovieren, doch um konkurrenzfähig zu sein, können wir nicht allein vorgehen.

WAS WAR ZUERST DA, DAS EI ODER DAS MARKETING?

Man muss nicht unbedingt etwas Technisches erfinden, um zu innovieren. Man kann auch bestehende Produkte und neue Erkenntnisse kombinieren. Ein Beispiel dafür ist der Innovator Oscar Farinetti. Er wendete das Erzählen von Geschichten über sensorische Lehren auf die Vermarktung typisch italienischer Produkte an. Das gesamte Geschäftsmodell der Supermärkte für hochwertige Lebensmittel von Farinetti – die Kette Eataly – dreht sich um die Narration der Lebensmittel, die verkauft werden. Dank seines kommunikativen Talents hat Oscar einen völlig neuen Weg gefunden, die italienische Küche aufzuwerten, die eine der ältesten und besten Küchen der Welt ist. Mir fiel sein Talent sofort auf, als ich ihn vor Jahren in Turin im ersten Eataly traf. Er hatte mich zum Mittagessen eingeladen, und seine blitzschnelle Dialektik überwältigte mich. Wie ein Maschinengewehr ratterte er Ideen, Information, Konzepte und Geschichten quasi reibungslos herunter. Es war unmöglich, mit ihm mitzu-

halten. Er sagte all dies auf eine fröhliche Art und Weise, es machte ihm sichtlich Spaß. Im Laufe der Zeit hat sich Oscar als Führungskraft sowie als sehr stur erwiesen. Es ist schwer, ihn zu überreden, und der Grund, warum wir gemeinsam Projekte entwickelt haben, ist, dass wir von Anfang an Ideen teilten und vermittelten, als wir sie ausarbeiteten.
Dank Farinettis Intuition der Kombination von Essen und Narration ist Eataly kein Supermarkt, sondern ein »Spielplatz« für Liebhaber guten Geschmacks. Die Öffentlichkeit war davon begeistert, und er konnte die Marke bald erfolgreich internationalisieren. Das war eine Neuheit: Italien war generell nie gut darin gewesen, die Spitzenleistungen des Landes zu internationalisieren. Oscar hat seine eigene Meinung zur Vermarktung, und ich muss immer lächeln, wenn ich an etwas denke, das er einmal an der Holden School in Turin gesagt hat: »Marketing wurde durch die Henne erfunden, die ein Ei gelegt und dann gegackert hat. Der Bauer hört das unaufhörliche Geräusch und holt das frische Ei. Das ist Marketing: Man macht etwas Gutes und sagt es, ohne um den heißen Brei herumzureden.« Es ist erleuchtend und verblüffend einfach. Dies ist die Synthese seines Geschäftsmodells, das sich um die Geschichte hinter den Lebensmitteln, die er verkauft, dreht.

DIE BESTE KÜCHE DER WELT

Wir Italiener sind wahre Meister des Geschmacks, doch Marketing ist nicht unsere Stärke. Es gab eine Zeit, in der die französische Kochkunst als anspruchsvoller galt als die italienische und man vergaß, dass die Franzosen das Kochen von den italienischen Köchen, die Caterina de' Medici von Florenz zu ihrem Hof in Paris gebracht hatte, gelernt hatten. Viele der besten französischen Gerichte haben italienische Wurzeln, was ein weiteres Marketingproblem ist. Die Tatsache, dass die weltweit größte Kette italienischer Restaurants eigentlich Deutschen gehört, sagt viel über unsere Fähigkeit aus, unsere Vorzüge auszunutzen. Die italienische Kochkunst ist aus zwei Gründen ausgezeichnet: Sie arbeitet mit hervorragenden Zutaten und sie ist einfach, eben weil sie aus wenigen Zutaten besteht, die zumeist unverfälscht verwendet werden. Mit Ausnahme von Japan tendieren andere Landesküchen dazu, ihre Gerichte aufwendig zu gestalten. Selbst italienische Gerichte, die zu einem großen Erfolg für ausländische multinationale Unternehmen geworden sind, wie zum Beispiel Pizza, sind durch Zutaten, die wenig oder nichts mit den Originalzutaten zu tun haben, gewissermaßen »überarbeitet« worden.

Ich habe während der letzten 25 Jahre viel Zeit mit Reisen verbracht und kann bestätigen, dass die mediterrane Ernährung die gesündeste und köstlichste ist. Die italienische Küche ist einfach und sie ist auch nicht fettig oder zerkocht und bringt die Frische der Aromen direkt auf den Teller. Unsere tausendjährige gastronomische Kultur basiert auf einfachen Dingen (wie Brot und Nudeln), der Qualität unserer rohen Zutaten und unserer Fähigkeit, ihre Aromen hervorzuheben. Das gilt auch für Gemüse, das zu jedem Gericht dazugehört und das wir Italiener auf dem einfachsten Weg konsumieren und so Konsistenz und Geschmack wahren. Auch scheinbar schwerere Gerichte wie Pizza werden mit sehr wenigen einfachen und unverfälschten Zutaten zubereitet. An Sonntagen pflegten wir im Holzofen unseres Landhauses Pizza zu machen. Der Duft und die Momente der Geselligkeit gehören zu meinen schönsten Kindheitserinnerungen, zusammen mit denen an cremegefüllte Krapfen, die ich als Kind sehr gern hatte. Es war nicht sicher, ob diese Krapfen aus Italien oder aus Österreich stammten, und vielleicht waren sie gerade wegen diesem Doppelcharakter für mich noch begehrenswerter.

Auf jeden Fall war und ist mein Lieblingsgericht Spaghetti. Ich muss immer an meinen Vater denken, wenn ich es esse. Er kochte nicht oft, aber wenn er kochte, meistens an Feiertagen, machte er immer Pasta mit frischer Tomatensoße. Eigentlich machte meine Mutter die Soße, aber er gab Parmesan, etwas Olivenöl und manchmal etwas Basilikum dazu und rührte dann alles sorgfältig und gekonnt zusammen. So gab er dem Gericht seine ganz persönliche Note, und es waren die besten Nudeln mit Tomatensoße, die ich je gegessen habe. Diese Spaghettiessen waren auch seltene Gelegenheiten für etwas Spaß. Mit seiner üblichen wissenschaftlichen Herangehensweise kontrollierte mein Vater mit seiner Stoppuhr, ob die Kochzeit der Nudeln mit der empfohlenen Kochzeit auf der Packung übereinstimmte. Wenn elf Minuten auf der Packung stand, goss er sie nach genau elf Minuten ab. Waren sie zu hart oder zu weich, wurden sie sofort für immer aus unserer Speisekammer verbannt. So zeigte uns mein Vater die Risiken zu großer Versprechen oder, wie in diesem Fall, falscher Versprechen – jener Versprechen, die Marketing nicht einhält.

DREI BOHNEN UND DREI TASSEN IN PALMANOVA

Es hat wahrscheinlich keiner den italienischen Stil je so gut verkörpert wie Eduardo De Filippo, der unsere authentischsten und grundlegendsten Qualitäten, ganz zu schweigen von unserer starken Traditionsverbundenheit (auch wenn wir sie heutzutage oft hinter einem Schleier des Zynismus verstecken) veranschaulichte. In den 1960er-Jahren war Eduardo einer der ersten Botschafter von illycaffè. In einer berühmten Werbung trägt er eine Pulcinella-Maske und soll für 10 000 Lire auf der Bühne etwas sagen, woran er nicht glaubt, nämlich, dass eine bestimmte Kaffeemarke am besten schmeckt. Doch auf der Bühne, vor den entsetzten Blicken derer, die ihn angeheuert haben, zögert er ein paar Sekunden und sagte dann: »illy, was für ein Kaffee!« Ich habe diese Szene immer schon gemocht, da sie auf die tief verwurzelte, natürliche Aufrichtigkeit zurückgreift, die sich in der Einfachheit der italienischen Kochkunst zeigt.
Nereo Ballestriero, ein Absolvent der UDC, ist berühmt für seine Caffetteria Torinese, die sich in Palmanova in der Provinz Udine befindet. An der UDC fielen sein kreatives Talent und Können sofort auf, und diese Eigenschaften wurden später vom Verlag Gambero Rosso belohnt, der seiner Kaffeebar den illy Preis für die »Kaffeebar des Jahres« verlieh: drei Kaffeebohnen und drei Kaffeetassen, die höchste Anerkennung im Handbuch *Bar d'Italia 2011*, das verfasst worden ist, um die Qualität italienischer Kaffeebars zu bewerten. Er hat es wirklich verdient, nicht nur wegen seines Kaffees und seines Cappuccinos, sondern auch wegen seiner Sandwiches und Süßwaren. Die Verleihung wurde mit folgenden Worten begründet: Er kombiniere »eine europäische Mentalität mit lokaler Tradition (…) durch seine Aufgeschlossenheit für internationalen Einfluss und Geschmack.« Sein Lokal ist beispielhaft für erstklassige italienische Kaffeebars, die einen sorgfältigen gastronomischen Stil haben, der das Markenzeichen jeder Kaffeebar sein sollte. Ballestriero serviert nur

KAFFEE IN ZAHLEN

3 Milliarden Tassen werden jeden Tag serviert.

1500 bekannte **chemische Komponenten**

1000 verschiedene olfaktorische Moleküle
250 davon werden von der menschlichen Nase in der Konzentration, in der sie im Kaffee vorkommen, wahrgenommen.

Moleküle in 40 ml Kaffee: 30×10^{20}

---

20 Millionen Italiener betreten mindestens einmal am Tag eine der 130 000 Kaffeebars in Italien.

kalte Gerichte. Die Portionen sind klein und werden mit jungem Gemüse zubereitet. Wenn er mit neuen Gerichten experimentiert, beachtet er die Geschmäcker der Kunden und kauft kleine Mengen an Zutaten, die er nachfüllt, wenn er sieht, dass seine Kreationen gut ankommen. Gambrero Rossos Wagnis, nicht nur Restaurants, sondern auch Kaffeebars zu bewerten, hat sich in zweifacher Hinsicht ausgezahlt. Erstens hat das Handbuch geholfen, die Qualität von Kaffeebars zu verbessern, und zweitens haben die bewerteten Kaffeebars ihren Kundenkreis vergrößert, und manche sind sogar zu wahren »Tempeln des Geschmacks« geworden.

Schließlich haben italienische Kaffeebars alle Voraussetzungen, um beispielhaft für die Welt zu sein, zum Teil wegen ihres Essens: Es ist frisch, leicht und köstlich, aber auch schnell und praktisch. Es ist ein neuer Stil des Essens, und in Italien gibt es immer einen Grund, eine Kaffeebar zu besuchen: zum Frühstück, als Vormittagspause, für eine kleine Zwischenmahlzeit zu Mittag, als Nachmittagspause, zur Happy Hour und manchmal sogar nach Geschäftsschluss. Jeder dieser Anlässe hat ein einzigartiges Ritual und eine breite Vielfalt an Produkten, die sich im Laufe des Tages und der Jahreszeiten ändert. Italienische Kaffeebars sind lebendige Orte, die sich unseren Geschmäckern anpassen.

In Italien befriedigen Süßgebäck und Eiscreme das Verlangen und die kollektive Symbolik, obwohl heutzutage das Süße möglicherweise herzhaften Speisen nachgeben muss. Ballestriero hat von allem etwas: Süßes, Herzhaftes, Eiscreme und Kaffee, und das alles in einem bezaubernden Umfeld. Doch sein Fall ist nicht einzigartig: Kaffeebars werden wieder zu dem, was sie einst waren, zu hochwertigen Orten, die vielleicht etwas weniger opulent, dafür aber gemütlich und einladend sind. Kaffeebars im italienischen Stil waren im Ausland so beliebt, dass sie die erste Kaffeerevolution auslösten, die Kaffee von einer Ware in eine Spezialität verwandelte.

KAFFEE, PRÊT-À-PORTER

In manchen Ländern wie zum Beispiel in Italien wird Kaffee wie ein Elixier, ein Konzentrat, eine Art Zaubertrank konsumiert und wird fast ausschließlich als Espresso getrunken. Angelsächsische Länder haben eine andere Kultur. Kaffee ist dort überwiegend ein reichhaltiges Heißgetränk, das manchmal gefiltert ist oder mit Milch getrunken wird. Natürlich gibt es viele andere Möglichkeiten, Kaffee zu trinken. Früher kaute man Kaffeebohnen und heutzutage zieht Kaffeepulver auf verschiedene Arten und Weisen für unterschiedliche Dauer. Im Allgemeinen genießt jede Kultur dieses fabelhafte Getränk anders.

Doch es gibt eine noch neuere, »modernere« Art, Kaffee zu trinken. Sie ist ideal für eine Welt in Bewegung, in der man nicht immer Zeit hat, bei einer Kaffeebar stehenzubleiben, oder in der man möglicherweise keine findet oder einfach keine Möglichkeit hat hinzukommen. Sie ist ideal für die, die unterwegs sind, die mit dem Zug oder dem Auto fahren, die Sport machen oder ihren Arbeitsplatz nicht verlassen können. Es ist schon lange eines unserer Ziele gewesen, für all diese Menschen einen Kaffee zum Mitnehmen zu schaffen, einen kalten Kaffee, der so gut ist wie ein frisch gekochter. Das war nicht einfach. Es gibt viele kritische Momente beim Stabilisieren des verpackten Produkts, denn nach einiger Zeit oxidiert Kaffee und sein Geschmack verändert sich. Nach einigen Jahren legten unsere Forscher endlich ein sehr zufriedenstellendes Ergebnis vor. Das waren tolle Neuigkeiten. Doch was war der nächste Schritt? Der Markt für verpackte Getränke ist etwas völlig anderes als der Kaffeemarkt und erforderte hohe Investitionen. Wie sollten wir uns erfolgreich im Markt durchsetzen, wenn eine weltweite Werbekampagne jenseits unserer Mittel war?

Genau dann geschah etwas schicksalhaft Unerwartetes. Dank eines gemeinsamen Freundes, Gianfranco Zoppas, wurde ich von Muhtar Kent, dem legendären Geschäftsführer von Coca-Cola, angerufen. Wir trafen uns ein paar Tage später in Mogliano Veneto. Es war ein sonniger Tag, der wie ein Omen für eine strahlende Zukunft schien. Mit seinem ansteckenden Lächeln schlug Kent ein Gemeinschaftsprojekt zwischen illy und Coca-Cola vor, um Fertigkaffee herzustellen. Es war eine einzigartige

Gelegenheit, und trotzdem war ich anfangs nicht überzeugt davon. Meine Unsicherheit sowie das Bedürfnis nach Vorsicht und der Wunsch, etwas Zeit zu gewinnen, wuchsen. Ich sehe die Szene heute noch vor mir: Kent erzählte mir begeistert von der Idee, mit uns Kaffee herzustellen, und ich war ungerührt und zurückhaltend. Warum wollte dieses Unternehmen mit uns Kaffee machen, wenn es ihn dank seiner umfangreichen Ressourcen genauso gut selber machen konnte? Kent erwiderte, dass sie die Möglichkeit in Betracht gezogen hätten, sich jedoch dann für eine Vereinbarung mit einer etablierten Marke des Sektors, die die Qualität des Getränks garantieren konnte, entschlossen hatten. Ich sah ihm direkt in die Augen. Ich war noch nicht überzeugt und wollte die Möglichkeit etwas weiter untersuchen. Warum illy, wenn es so viele andere Kaffeehersteller gab? Kent brach in Gelächter aus und erzählte mir, dass illy sein Lieblingskaffee sei und dass er unseren Ruf kenne. Zusätzlich hätte eine betriebsinterne Umfrage ergeben, dass es auch der Lieblingskaffee seiner Mitarbeiter war.

Sein Lob schmeichelte mir, doch ich war trotzdem immer noch nicht überzeugt. Wie könnte unser kleines Unternehmen mit einem Riesen wie Coca-Cola zusammenarbeiten? Er erklärte ruhig, dass ein grundlegender Wert von Coca-Cola der volle Respekt für seine Partner und eine Kultur des Teilens sei, die vom »System« des Unternehmens stammte, das sicherstellte, dass seine Produkte immer von unabhängigen Abfüllern vertrieben wurden. Im Laufe der Zeit hätte sich dies zu einer Kultur des Konsenses und des Teilens entwickelt, was die Zusammenarbeit mit einer kleineren Firma wie unserer ermöglichte. Doch es gab einen letzten Einwand. Unsere Ressourcen waren ungleich, also wie würden wir den Markt entwickeln? Wir könnten nie so viel in Werbung investieren wie Coca-Cola. Kent versicherte mir, dass große Investitionen nicht nötig sein würden, da der Markt von alleine wachsen würde, solange das Produkt erstklassig sei.

Ein paar Monate später gründeten wir Ilko Coffee International und 2007 wurde Fertigkaffee aus der Dose in zwanzig verschiedenen Ländern auf den Markt gebracht. Ein neues Abenteuer hatte begonnen.

KAFFEE KÖNNTE DAS LEBEN VERLÄNGERN

Kaffee reagiert mit unserem Organismus zuerst durch die Sinne sowie durch die Aktivierung des Lustkreislaufs mit seinem Geschmack, seiner Konsistenz und seinem Aroma. Doch direkt danach kommt ein zweiter, neurophysiologischer Effekt ins Spiel. Kaffee versetzt uns in gute Laune und gibt uns ein beruhigendes Gefühl von Energie. Er bewirkt, dass wir uns gut fühlen. Er stimuliert das Zentralnervensystem und bewirkt, dass wir weniger müde sind. Er bereitet uns auf geistige Arbeit und Kreativität vor und kann manchmal sogar Kopfschmerzen lindern.

Die Menschheit hat schon immer nach einem Elixier für Gesundheit und langes Leben gesucht. Daher haben Forscher intensiv die Ernährungs- und Lebensgewohnheiten der langlebigsten Bevölkerungsgruppen der Welt untersucht, wie beispielsweise jene der Bewohner von Okinawa in Japan, Loma Linda in Kalifornien, der Nicoya-Halbinsel in Costa Rica, der griechischen Insel Ikaria und Ogliastra auf Sardinien. Was essen und trinken diese weitverstreuten Hundertjährigen? Wir wissen, dass sie alle wenig gesättigte Fettsäuren zu sich nehmen, die hauptsächlich in rotem Fleisch zu finden sind. Ein näherer Blick zeigt, dass die Bewohner von Ikaria, von denen drei Viertel neunzig Jahre alt werden, eine Vielfalt von Hülsenfrüchten, Olivenöl, frischem Obst, Gemüse und Kräutertee konsumieren. Sie essen zweimal in der Woche Fisch, verwenden wenig raffinierten Zucker und trinken jeden Tag drei bis vier Gläser Wein und drei Tassen Kaffee. Diese letzte Gewohnheit wurde auch bei den Ernährungsweisen der anderen Bevölkerungsgruppen gefunden, obwohl sie weit voneinander entfernt leben und deutlich verschiedene Essgewohnheiten haben. Es scheint daher, dass Kaffeetrinker länger leben.

Dies ähnelt den Erkenntnissen aus einer Forschung, die zwischen 1995 und 2008 von der amerikanischen Gesundheitsbehörde durchgeführt wurde und deren Ergebnisse 2012 im *New England Journal of Medicine* veröffentlicht wurden. Ärzte untersuchten dreizehn Jahre lang eine Gruppe von 40 000 Menschen zwischen 50 und 72 und bemerkten, dass die Lebenserwartung derer, die jeden Tag zwei bis drei Tassen Kaffee tranken bei Männern um zehn Prozent und bei Frauen um dreizehn Prozent

DIE VORTEILE VON KAFFEE

Aus klinischer Sicht ist Kaffee zweifelsohne eine der am meisten untersuchten Substanzen der Welt. Dem Thema sind mehr als 25 000 wissenschaftliche Artikel gewidmet, und in keinem davon steht geschrieben, dass der moderate Kaffeekonsum von gesunden Probanden gesundheitsschädlich sein kann. Vielmehr zeigen zahlreiche Studien, dass dieses Getränk und sein primärer aktiver Bestandteil, Koffein, diverse positive Wirkungen haben.

Um 1500 tranken jemenitische Sufis bereits Kaffee, um während ihrer Gebete wach zu bleiben, und in Europa ist die Verbreitung von Kaffee, welche auf die frühen 1600er-Jahre zurückdatiert wird, mit medizinischen Zwecken verbunden. Heute wissen wir, dass Koffein, welches im frühen 19. Jahrhundert in Deutschland entdeckt wurde, das Zentralnervensystem stimuliert. Es regt die Atmung und die Verdauung an, erhöht die Aufmerksamkeit und erhält gute Laune. Es reduziert auch das Hungergefühl und laut mancher Studien kann eine Tasse Kaffee die Symptome einiger Migränearten lindern.

Neue Studien haben einige Ammenmärchen widerlegt: In angemessenen Dosen hält Kaffee Menschen nicht vom Einschlafen ab, und er ist auch nicht schlecht für das Herz. Im Gegenteil, er hat sinnvolle Nutzungsmöglichkeiten für die Vorbeugung so mancher degenerativen Erkrankungen wie Alzheimer und der Parkinson-Krankheit. Im Espressokaffee sind diese Vorteile noch konzentrierter, da im Espresso der größte Geschmack mit dem niedrigsten Koffeingehalt kombiniert ist. Im Allgemeinen hat die Arabica-Sorte einen durchschnittlichen Koffeingehalt von 1,3 Prozent, während die Robusta-Sorte fast doppelt so viel hat. Das heißt, dass wir fast doppelt so viele Tassen Arabica-Kaffee pro Tag trinken können, wodurch wir das Beste aus dem Kaffee und den rund 1500 anderen Substanzen neben Koffein herausholen. Wir haben die Wechselwirkung zwischen vielen dieser Substanzen noch nicht entdeckt, doch eine große Anzahl davon sind für die Heilkraft von Kaffee als Präventivmedizin verantwortlich.

anstieg. Zudem würde Kaffeekonsum laut denselben Forschungsergebnissen das Risiko, an Diabetes sowie an Herz- und Atemwegserkrankungen zu erkranken, verringern. Natürlich verdienten diese Ergebnisse die größte Aufmerksamkeit.
Seit Jahrzehnten greift illycaffè auf multidisziplinäre wissenschaftliche Forschung zurück, um diese komplexen und wichtigen Themen genau zu untersuchen. Unter den vielen Initiativen hat das Unternehmen diverse Studien über Kaffee in Zusammenarbeit mit italienischen Universitäten und Forschungsinstituten gefördert. Eine davon, die in Zusammenarbeit mit der Universität Triest durchgeführt wurde, brachte die Wichtigkeit des Röstprozesses für den Kohlehydratstoffwechsel (der hormonelle Mechanismus, der regelt, wie der Organismus Zucker verwendet) ans Licht und betonte die Wichtigkeit der zahlreichen Antioxidationsmittel im Kaffee für die Vorbeugung von Typ-2-Diabetes. Das Vorhandensein diverser Antioxidationsmittel könnte sich als besonders wichtiger Faktor in der Vorbeugung von Herz-Kreislauf-Erkrankungen, Mundhöhlenkrebs, Rachenkrebs und Lungenkrebs herausstellen. Es wurde angemerkt, dass Kaffee bei der Vorbeugung mancher Pathologien wie der Parkinson-Krankheit und bei Alzheimer helfen kann und die Wahrscheinlichkeit von Tumoren der Gebärmutterschleimhaut, des Rachens, der Leber, des Mastdarms und der Prostata sowie von Melanomen verringern kann. Somit schmeckt Kaffee nicht nur gut, sondern kann uns auch helfen, gesund zu bleiben.

KAFFEE UND TEE: ZWEI LANGLEBIGE ZWILLINGE

Ist Kaffee gut oder schlecht für die Gesundheit? Diese Frage haben sich viele Menschen im Laufe der Jahrhunderte gestellt und alleine in den letzten 25 Jahren wurden mehr als 25 000 wissenschaftliche Artikel dem Zusammenhang zwischen Kaffee und Gesundheit gewidmet. Das ist eine große Zahl, viel größer als die Anzahl der Artikel zu anderen Lebensmittelprodukten. Es scheint, als sei die Wissenschaft zu einem Schluss gekommen: Kaffeekonsum ist gesund. Eine der wichtigsten Untersuchungen, die zwischen 1999 und 2010 vom nationalen Krebsinstitut in Bethesda durchgeführt wurde, involvierte 27 000 Menschen, die

zwanzig Jahre alt oder älter waren, und wurde in der wissenschaftlichen Zeitschrift *Hepatology* veröffentlicht. Sie ergab, dass andere Zutaten im Kaffee als Koffein die Leberfunktion stimulieren können (dieselben Ergebnisse wurden auch mit koffeinfreiem Kaffee erhalten). Eine weitere Studie, die von der Staatlichen Universität Seoul durchgeführt wurde, untersuchte die Gehirne von Mäusen unter Stress und ergab, dass sogar der Geruch von Kaffee die Veränderung der Proteine, die für Stress verantwortlich sind, bewirken und unter Kontrolle halten kann. Die Forschungsarbeit der University of South Florida und der University of Miami ergab, dass Kaffee das Auftreten von Alzheimer verzögern kann. Menschen über 65 mit hohem Koffeingehalt im Blut erkranken zwei bis vier Jahre später an Alzheimer als Menschen mit niedrigerem Koffeingehalt.
Bevor der wissenschaftliche Ansatz die Frage aufklärte, hatten viele Menschen versucht, selbst eine Antwort zu finden. Unter ihnen war der König von Schweden, Gustav III., der 1771 beschloss, ein ungewöhnliches Experiment an Zwillingen durchzuführen, die im königlichen Gefängnis inhaftiert und zum Tode verurteilt waren. Er wandelte ihr Urteil in lebenslängliche Haft um, mit der Bedingung, dass jeden Morgen ein Zwilling drei Tassen Tee und der andere Zwilling drei Tassen Kaffee trinken müsste. Durch die Untersuchung ihrer Gesundheit hoffte der König, herauszufinden, welches der beiden Getränke gesünder sei. Es ist nicht sicher, wie das Experiment ausging, aber wir wissen, dass beide Zwillinge bei ihrem Tod über achtzig Jahre alt waren (was in sich außerordentlich ist, wenn man die durchschnittliche Lebenserwartung der Zeit berücksichtigt) und den König sowie die Ärzte, die die Forschung betrieben hatten, überlebten.
Das Problem bestand weiterhin und zu einem gewissen Grad ist es aufgrund des Charakters der Medizinwissenschaft immer noch schwierig zu lösen, da sie keine Gewissheit, sondern nur mehr oder weniger anfechtbare Beweise bietet. Natürlich gibt es die wissenschaftliche Methode: Man beginnt mit der Beobachtung eines Phänomens, erstellt ein mögliches Kausalmodell, führt Experimente durch, um das Modell zu testen, und überprüft schlussendlich die Ergebnisse und stärkt so den ursächlichen Zusammenhang. Doch man muss besonders vorsichtig sein, wenn man mit Gesundheit umgeht. Es ist schwierig, Zusammenhänge zwischen körperlichem Wohlbefinden und

NACHGEWIESENE EFFEKTE VON KAFFEE AUF UNSERE GESUNDHEIT

Während der letzten zwanzig Jahre haben viele Studien, deren Ziel es war, zu evaluieren, wie sich der Kaffeekonsum auf die menschliche Gesundheit auswirkt, die positiven Auswirkungen von Kaffee nachgewiesen. Diese zeigen sich trotz der gleichzeitigen Wirkung vieler biologisch aktiver Zusammensetzungen und trotz der individuellen physiologischen Unterschiede zwischen Konsumenten.
Auf der Grundlage von klinischen Tests und bislang durchgeführten Forschungen wissen wir, dass regelmäßiger und maßvoller Kaffeekonsum (drei bis fünf Tassen Espresso am Tag) auf erwachsene Testpersonen die folgenden Wirkungen hat:

Wirkungen auf das Gehirn: Koffein wirkt als Antagonist des »natürlichen Beruhigungsmittels« Adenosin. Es blockiert die Typ A2A-Rezeptoren, die überall im Körper zu finden sind, und hat unterschiedliche Wirkungen wie beispielsweise die Anregung des Nervensystems und der Gehirntätigkeit.

Vorbeugende Wirkungen: Kaffee hat eine schützende Wirkung auf die Leber, was das Risiko, an Leberkrebs zu erkranken oder an chronischen Lebererkrankungen zu sterben, senkt. Zudem verringert Kaffee maßgeblich das Risiko, an Typ-2-Diabetes zu erkranken. Er hat auch positive Auswirkungen auf eine Vielzahl degenerativer Erkrankungen, die üblicherweise im höheren Alter auftreten: Er senkt das Risiko, an Alzheimer und Parkinson zu erkranken.

Allgemeine Wirkungen auf den Körper: Kaffee kann helfen, Fett zu verbrennen und die körperliche Leistungsfähigkeit zu verbessern. Er ist reich an Antioxidantien und Substanzen, die entgiftende Enzyme anregen.

Wirkungen auf die Lebenserwartung: Kaffeekonsum ist umgekehrt proportional zur Sterblichkeit und dem Risiko, von Herz-Kreislauf-Erkrankungen betroffen zu sein.

DER KOFFEINGEHALT IN EINER TASSE ESPRESSO

Ein Espresso mit Arabica-Kaffee enthält etwa 75 mg Koffein, wohingegen eine Tasse Filterkaffee doppelt so viel (150 mg) enthalten kann. Koffein hat im menschlichen Körper eine Halbwertszeit von 4–6 Stunden und ist von Person zu Person unterschiedlich. Idealerweise sollte pro Tag eine mäßige Menge Koffein konsumiert werden: nicht mehr als 3 mg per Kilo Körpergewicht. Für eine Person mit 70 kg sind das etwa drei bis fünf Tassen Espresso.

Ernährung herzustellen, da die Komplexität, die sich aus den Unterschieden zwischen Individuen und der Wechselwirkung von Substanzen ergibt, beachtet werden muss.

KAFFEE UND GESUNDHEIT

Ich trinke ungefähr vier Tassen Kaffee am Tag, weil er mir schmeckt und weil ich mich dadurch gut fühle. Dieser Mittelwert schwankt, da die Anzahl an Tassen, die ich trinke, davon abhängt, wie intensiv mein Leben ist. Es ist, als ob ich mir unbewusst die Menge an Koffein verabreiche, die ich brauche, um den Tag zu überstehen und den Konzentrations- und Kreativitätsgrad zu erreichen, den ich brauche. Diese Entscheidung ist absolut persönlich und hängt von der physiologischen Reaktion meines Körpers auf Koffein ab. Nicht jeder reagiert gleich. Zum Beispiel können manche Menschen um Mitternacht Kaffee trinken und dann sofort einschlafen, während andere die gleiche Menge an Kaffee trinken und Schwierigkeiten beim Einschlafen haben. Die Wirkung von Koffein auf den Ruhezyklus ist ein Beispiel für individuelle Unterschiede, die sich sehr deutlich zeigen, auch wenn es nun sicher scheint, dass diejenigen, die die Wirkung von Koffein am wenigsten spüren, eine genetische Veränderung im Rezeptor, der auf Koffein reagiert, haben.

Doch wie kann man ermitteln, ob etwas gut oder schlecht für die Gesundheit ist, wenn jeder eine individuelle Reaktion auf Koffein und die tausend anderen Substanzen in Kaffeebohnen hat? Neben diversen individuellen Reaktionen wird die Situation durch die Wechselwirkung dieser Substanzen weiter verkompliziert. Diese können sich aufheben oder verstärken und unerwartete Reaktionen hervorrufen. Wenn ein Lebensmittel eine Substanz enthält, die theoretisch schädlich ist, heißt das nicht, dass sie die gleiche Wirkung wie in ihrem Reinzustand haben muss. Wenn wir jemandem eine große Dosis Cyanid verabreichen, wird er höchstwahrscheinlich sterben, doch kleine Mengen Cyanid sind in verschiedenen Lebensmitteln (wie Mandeln) vorhanden und haben keine negativen Auswirkungen auf unsere Gesundheit.

In dieser Art der Forschung sind Statistiken sehr hilfreich, doch sie sind unzureichend und der epidemiologische Ansatz wird

daher als begrenzt angesehen. Ich möchte an dieser Stelle deutlich sein: Der Ansatz ist nützlich, um mögliche Richtungen für Forschungsarbeiten zu identifizieren, doch er reicht nicht aus, um Fragen zu beantworten. Die einzig wahren Beweise liefern klinische Tests, die sehr langwierig sind und manchmal Jahrzehnte dauern sowie eine große Anzahl von Probanden benötigen. Sie sind auch sehr kostspielig und das bürokratische Verfahren, um die Genehmigung zu erhalten, kann lange dauern. Und wer zahlt dafür? Private Einrichtungen können eines Interessenkonflikts verdächtigt werden und ihre klinischen Tests werden möglicherweise nicht als vertrauenswürdig angesehen, wohingegen der öffentliche Sektor oft nicht die notwendigen wirtschaftlichen Mittel hat.
Nach diesem kurzen Überblick über medizinische Forschung beurteilen wir nun die Lage: Der toxikologische Ansatz ist reduktionistisch, der epidemiologische Ansatz ist indirekt und der klinische Ansatz kompliziert. Wie sollen wir also herausfinden, ob gewisse Nahrungssubstanzen gut oder schlecht für uns sind? Mit diesem Mangel an Information und Klarheit sind Konsumenten verloren. Es ist nicht einfach, etwas über die Wirkung eines gewissen Lebensmittels auf unsere Gesundheit zu erfahren. Der öffentliche Sektor hat die Tendenz, nur anhand des toxikologischen Ansatzes zu kommunizieren, und kreiert dadurch mitunter so etwas wie eine Tyrannei der Information. Private Einrichtungen können diese Information ausgleichen, doch sie werden aufgrund potenzieller Interessenkonflikte als nicht besonders glaubwürdig angesehen. Was bleibt übrig?
Was wir brauchen, ist ein Ansatz, der auf einer ausgewogenen Analyse beruht, die sowohl toxikologische als auch epidemiologische Nachweise berücksichtigt. Ich glaube, dass dieser holistische medizinische Ansatz der einzige ist, mit dem wir die Wirkung von Lebensmitteln auf unsere Gesundheit verstehen können, wenn er die Wechselwirkung zwischen dem menschlichen Stoffwechsel und diversen Substanzen in Lebensmitteln berücksichtigt.
Eine Reihe neuer Technologien soll bald nützliche Antworten liefern. Die erste ist der Drehpunkt des SmartFood-Projekts des Europäischen Instituts für Onkologie und dreht sich um einen innovativen, lebensmittelbasierten Ansatz zur Prävention. Das EIO hat Gengruppen in der menschlichen DNA identifiziert, die degenerative Prozesse in Zellen hervorrufen können. Der

Einfachheit halber heißen sie »Altersgene«. Es wurde festgestellt, dass manche Arten von Lebensmitteln diese Gene aktivieren und andere sie blockieren und so Erkrankungen wie Tumoren und indirekt Herz-Kreislauf-Erkrankungen vorbeugen.
Eine weitere Forschungslinie beruht auf Biomedizintechnik und der Möglichkeit, physiologische Zustände mit nicht invasiven Mitteln zu messen. Dank künstlicher Intelligenz setzen sich computergestützte Diagnosen durch. Computergestützte Chemie kann auch wichtige Hinweise liefern, indem sie auf Zellebene die Wechselwirkung der Substanzen in Lebensmitteln stimuliert. Diese Technik »füttert« Zellen bestimmte Substanzen und ermöglicht es somit, ihre Reaktion zu beobachten, ohne an Lebewesen zu experimentieren.

GUT IM ETHISCHEN SINNE

Es gibt nichts Schöneres, als Kaffee zu genießen und uns den Gefühlen hinzugeben, die er in uns erweckt. Doch wir dürfen nicht vergessen, dass dieser Genuss mehr ist als eine Reaktion auf die sensorische Stimulation, die durch unsere Wahrnehmung des Geschmacks und des unverwechselbaren Aromas erzeugt wird. Laut Jung ist er auch eine »Vereinigung von Repräsentationen, Emotionen und Gedanken«. Wenn wir Kaffee schmecken und ihn »gut« finden, manchmal sogar unbewusst, verwenden wir dieses Wort wirklich im weitesten Sinne. Wir evozieren nicht nur den Geschmack, sondern auch die Konstellation der Werte, die Teil seiner innersten Natur sind. An diesem Punkt nimmt das Adjektiv »gut« alle Bedeutungen an, die die Sprache zu bieten hat, und drückt gleichzeitig die Freude des Genießens, das Bewusstsein der Qualität und die Anerkennung der ethischen Verpflichtung hinter dem Anbau, der Verarbeitung und der Herstellung aus.
Ethik ist ein wichtiger Teil unseres Lebens, und das gilt auch für Kaffee. Philosophen haben Ethik als eine Form von »Bewusstsein«, »Willenskraft« oder eine Art »Maß, Form und Ordnung« definiert, die unseren Handlungen innewohnt. Ich glaube, dass Ethik einfach heißt, dass unsere Freiheit endet, wo die eines anderen beginnt, und das umfasst natürlich auch Respekt für

unsere Mitmenschen und für zukünftige Generationen. Ethik ist ein grundlegender Wert bei illy und ist als der Aufbau von langfristigen Werten durch Transparenz, Nachhaltigkeit und persönlicher Entwicklung angelegt. Nur wenn alles, was hinter Kaffee steckt, das »Gute« darin verifiziert und berücksichtigt wird, kann der Genuss vollkommen sein. Auf diese Weise wird Kaffee beim Trinken das Musterbeispiel einer freieren und gerechteren Welt. Durch Kaffee eine bessere Welt zu schaffen, ist viel mehr als eine Utopie. Wenn ich an dieses Projekt denke, ist es kein Zufall, dass mein Bezugspunkt nicht Thomas More ist, sondern die Idee der »Agathotopie« von James Meade, dem renommierten Ökonomen, der 1977 den Nobelpreis erhielt und dessen Ideen meinen am meisten ähneln. Wie Meade glaube ich nicht an eine Welt, die auf beschränkten Beziehungen, der Einschränkung der Freiheit der Menschen oder ungeregeltem Kapitalismus beruht. Ich glaube an eine Welt, die ein »guter Lebensraum« ist. Natürlich bin ich davon überzeugt, dass wir die Möglichkeit haben, diese Welt zu schaffen, indem wir Werte teilen, an die wir glauben. Das beginnt mit der grundsätzlichen Vereinbarung des Vertrauens und Respekts, einer »Wertschöpfungskette«, die sich über den gesamten Kaffeeproduktionsprozess erstreckt, einem Abkommen zwischen Bauern, Herstellern und Unternehmen, zwischen Unternehmen und Distributoren und schlussendlich mit den Endkunden. Denn durch die Umverteilung des Wohlstands und die Verbesserung der Umwelt kann Kaffee wirklich helfen, die Welt zu verbessern.

Unsere Erfahrungen in verschiedenen Ländern haben uns handfeste Beweise dafür geliefert. Vor Jahren beschloss eine Gruppe von Frauen in Costa Rica, die einer lokalen Gemeinschaft in großer Not angehörten, die Organisation der Kaffeeplantagen der Gegend wieder in die eigenen Hände zu nehmen. Sie suchten nach einem Weg, ihre Lage zu verändern, und dieser Weg hatte bereits an anderen Orten bewiesen, dass er Arbeit, Wohlstand und Bildung bringen konnte. Sie gründeten eine Gesellschaft, um ihre Kaffeeprodukte zu vermarkten, auch wenn sie nicht genug Erfahrung hatten, um am Markt mitzuhalten. Nach umfassenden und frustrierenden Bemühungen und vielen Rückschlägen lernten sie zufällig eine unglaubliche Frau kennen, eine Exporteurin, die auch für uns arbeitet und alles über die Qualität von Kaffee weiß. Sie wurde zur Mentorin dieser Frauen, die wiederum so motiviert waren, dass ihr Fachwissen bald die Qualität erreicht hatte, um zu unseren Lieferanten zu werden. Sie begannen, Geld zu verdienen, ihrer Wirtschaft neues Leben einzuhauchen und nach und nach auf sich aufmerksam zu machen. In nur wenigen Jahren hat sich die Gemeinschaft revitalisiert und der allgemeine Lebensstandard erheblich verbessert.

KAFFEE ODER KOKA ANBAUEN?

Um zum Guten im ethischen Sinne zurückzukommen, fällt mir oft Kolumbien ein, wenn ich daran denke, wie wichtig der Kaffeeanbau für die Welt sein kann. Kolumbien produziert sehr guten Kaffee, doch auch Koka wird auf manchen landwirtschaftlichen Flächen angebaut. Viele kleine ländliche Gemeinden bauen diese Pflanzen an, die dann an Drogenhändler verkauft werden, und die Bauern sind überzeugt davon, dass dies der lukrativste Handel für sie ist. Falsch gedacht. Als wir mit den Bauern sprachen, um vorzuschlagen, die Qualität ihres Kaffees zu verbessern, waren sie zunächst skeptisch. Doch später überzeugten wir einige, als sie die Ergebnisse und die Preise sahen, die Kaffee erzielen konnte, wenn er qualitativ hochwertig war.
Diese Fakten stellen den Wert unternehmerischer Tätigkeit wieder her, was ich auch an Endkunden weitergeben möchte. Gibt es etwas Erfreulicheres, als zu wissen, dass etwas so Einfaches wie

Kaffeetrinken helfen kann, das Leben so vieler Menschen zu verbessern?
Die Federación Nacional de Cafeteros de Colombia glaubte daran so sehr, dass sie eines der ambitioniertesten Projekte aller Zeit begann, um ihre Landwirtschaft umzuwandeln. Anstatt zuzulassen, dass der Kaffeeanbau der globalen Erwärmung erlag, investierte der Verband in menschliche, wissenschaftliche, wirtschaftliche und politische Ressourcen, um ihn wiederzubeleben, und konnte erfolgreich sein früheres Ansehen wiederherstellen. Dies ist ein wunderbares Beispiel, das zeigt, wie erfolgreich das Gute (Kaffee) das Böse (Koka) besiegen kann.

DAS ZIEL EINES UNTERNEHMENS

Ein Unternehmen ist wie ein biologischer Organismus. Wenn es überleben will, muss es die richtigen Strategien anwenden. Doch während sich ein Organismus durch seine Nachkommen verewigt, verewigt sich ein Unternehmen durch die Übernahme nachhaltiger Methoden oder durch eine langfristige Strategie. Ein Lebewesen wendet nie seine ganze Energie auf, um einen unmittelbaren Bedarf zu befriedigen, nicht einmal um zu essen oder zu trinken. Es weiß, dass es ein Gleichgewicht zwischen unmittelbaren und langfristigen Zielen erhalten muss. Diejenigen, die diese Zielsetzung nicht verfolgen, haben eine kurzsichtige Einstellung zum Unternehmerischen und zum Leben im Allgemeinen. Wer nachhaltig handelt, verbessert seinen Ruf und dadurch das Vertrauenskapital, das die Wirtschaft untermauert. Zum Beispiel ist die Krise der letzten Jahre nicht nur an den Kapitalmangel oder andere rätselhafte wirtschaftliche Phänomene gebunden. Sie ist auch eine wahre Vertrauenskrise, das aufgrund des unsinnigen Verhaltens vieler Spekulanten verloren ging. Wie der Ökonom und Nobelpreisträger Joseph Stiglitz sagte, ist Vertrauen die Grundlage des Systems, solange es ein solides Fundament hat.

Intransparenz hat das Finanzwesen in diesen Strudel gezogen, und eine neue Ära des Wohlstands wird nur beginnen, wenn es unser Vertrauen zurückgewinnt.

Aber zurück zu den Unternehmen. Laut einer der am meisten verwendeten Definitionen ist ein Unternehmen eine professionell organisierte wirtschaftliche Tätigkeit, die Produkte oder Dienstleistungen herstellt oder mit ihnen handelt. In anderen Worten ist das Ziel eines Unternehmens das Organisieren von Produktionsketten. Doch Unternehmen haben noch einen viel höheren Stellenwert in der Gesellschaft. Heutzutage bieten sie die meisten Arbeitsplätze und sind daher grundlegende Bausteine der Gesellschaft. Unternehmen bestehen aus Familien und spielen eine zentrale Rolle zwischen Familien und der Gesellschaft. Ihre Rolle ist daher mehr sozial als wirtschaftlich. Daher glaube ich, dass es nur zwei Möglichkeiten gibt, mit der Gesellschaft zu interagieren: als Parasit oder als Wohltäter. Es gibt keinen Mittelweg. Ein Unternehmen muss sich entscheiden, einen

DIE ARBEITS-BEDINGUNGEN IN DER KAFFEE-WIRTSCHAFT

Kaffee wurde jahrhundertelang auf großen Plantagen angebaut, die Lohnarbeiter ausbeuteten und Kleinproduzenten den Zugang zum Markt blockierten, was von finanzieller Spekulation und Zwischenhändlern beeinflusst war, die in Zentralamerika als Kojoten bezeichnet wurden. Für Kleinbauern war das Handeln mit Kojoten oft der einzige Weg, ihren Kaffee zu verkaufen, obwohl ihr Gewinn dadurch deutlich gesenkt wurde. 1962 kamen die Herstellerländer unter dem Namen »International Coffee Organisation« zusammen, um den Kaffeepreis zu stabilisieren und zu verhindern, dass er ein bestimmtes Niveau unterschritt. Dadurch wurden die Bedingungen für einen parallelen Markt geschaffen, auf dem Kaffee zu niedrigeren Preisen verkauft wurde.
Nach erfolglosen Versuchen, zwischen den Mitgliedern und Nichtmitgliedern der ICO zu einer Vereinbarung zu kommen, kehrten die Hersteller 1989 zum freien Markt zurück. Durch diese Liberalisierung überschwemmten die Kaffeevorräte den Markt. Die Preise stürzten ab und sanken bald auf das Niveau der 1930er-Jahre.

positiven Beitrag zu leisten, um einen Wert zu schaffen, und zwar einen Wert, der sowohl in Form von Wirtschaft messbar als auch in Form von Wissen und Ruf nicht messbar ist. Mit einem Wort: Vertrauen.

Die Beziehung zu den lokalen Gemeinschaften ist beim Aufbau des Vertrauens wesentlich. Kaffee ist ein landwirtschaftliches Produkt und seine eigentliche Qualität kann nicht durch Konservierungsmittel oder technische Hilfsstoffe »verbessert« werden. Die Qualität muss bereits im Rohmaterial vorhanden sein und auf das Endprodukt übertragen werden. Des Weiteren ist Kaffee ein tropisches landwirtschaftliches Produkt, und ein wesentlicher Teil der tropischen Zone befindet sich in Entwicklungsländern. Heute stellen über siebzig Länder in Millionen von Betrieben Kaffee her, was 25 Millionen Familien Arbeit gibt. In den ärmsten Ländern macht Kaffee sechzig Prozent des Exports aus und ist daher der primäre wirtschaftliche Faktor in Subsistenzwirtschaften.

Die Beziehung zu Gemeinschaften muss vor allem eine Beziehung sein, die auf Respekt basiert: Respekt für menschliche Arbeit, doch auch für die Umwelt und das Land. Wir müssen immer im Auge behalten, dass der Mensch im Zentrum jedes Unternehmens steht: der homo faber, ohne den es kein Unternehmen gäbe. Manche Unternehmer verstehen das wie der Modedesigner Brunello Cucinelli, der dafür bekannt ist, der menschlichen Arbeit ihre Würde zurückgegeben zu haben. Diese Unternehmer haben Vorbildfunktion, und sie und ihre Unternehmen sind zum wahren Angelpunkt einer Gemeinschaft von Menschen geworden. Vor einiger Zeit kündigte Cucinelli an, dass er einige Industriehallen gekauft hätte, um sie abzureißen und durch Olivenhaine zu ersetzen. Er hatte beschlossen, dem Land und der Arbeit die Würde zurückzugeben. Diese Werte sollte jeder anständige Unternehmer haben, wie etwa auch Adriano Olivetti im 20. Jahrhundert.

DIE WERTSCHÖPFUNGSKETTE

Die Teile einer Produktionskette vom Produzenten zum Konsumenten sind wie die Glieder einer echten Kette miteinander verbunden. Es gibt wenige Glieder, doch alle sind wichtig. Wenn

nur eines fehlt, bricht die gesamte Kette auseinander. illy glaubt seit vier Generationen fest an den Stakeholder-Value-Ansatz, der den Weg der wirtschaftlichen, sozialen und ökologischen Nachhaltigkeit für alle unsere Stakeholder geht. Unser Kontakt mit Kaffee beginnt bei unseren Einkäufern, die von unserem reisenden Team von Agronomen und Technikern beraten werden. Wir streben stets einen Wissenstransfer mit unseren Kaffeeproduzenten an. Außerdem ist es unser Ziel, Geschäfte direkt, ohne Zwischenhändler abzuwickeln. Dadurch können Produzenten höhere Qualitätsstandards erzielen und angemessene Gewinne sind garantiert. Wir zahlen ihnen Preise, die höher als der Marktpreis sind, und dadurch können unsere Produzenten in Qualitätsverbesserung und nachhaltige Anbaumethoden investieren. Die Produzenten haben Talent, und es muss gefördert werden. Es ist wichtig, dass sie die Mittel und das Wissen haben, um ihre Arbeit kontinuierlich zu verbessern.
Kunden sind das letzte Glied der Kette, die Spitze der imaginären Pyramide der Stakeholder. Mein Vater sagte immer, sie seien die wahren Besitzer des Unternehmens. Ohne sie gäbe es kein Geschäft. Peter Drucker, der Vater der Managementlehre, sagte, dass der ureigenste Zweck eines Unternehmens das Akquirieren und Behalten von Kunden sei. Daher ist es klar, dass Kunden an der Spitze der Hierarchie stehen. Mit Kunden meine ich nicht

nur Endverbraucher, sondern auch Geschäftskunden (Kaffeebars, Restaurants etc.), die gemeinsam mit uns Kunden erfreuen und unsere Produkte verbreiten. Auf der gleichen Stufe, vielleicht ein wenig tiefer, ist unsere Mitarbeiterbasis, ohne die wir weder zufriedene Kunden noch ein ausgezeichnetes Produkt hätten. Zu guter Letzt stehen die Aktionäre im Dienst des Unternehmens auf der niedrigsten Stufe.

Der Shareholder-Value-Ansatz ist vollkommen anders: Der Aktionär ist König und die Geschäftskunden und Mitarbeiter sind seine Handlanger. Diese Theorie wurde an der Harvard University formuliert, und ihr Leitprinzip der Geschäftsführung ist die Schaffung von wirtschaftlichem Wert für die Aktionäre. In diesen Worten ausgedrückt, mag es seltsam erscheinen, doch dieser Ansatz lenkte jahrelang die Wirtschaft diverser Länder, insbesondere jene der Vereinigten Staaten, und er ist einer der Faktoren, die 2007 die Krise auslösten. Sogar Michael Porter, von dem die Theorie stammt, bemerkte dies und verbesserte sie ein paar Jahre später. Er postulierte die Theorie des »Shared Value« (ein Ausdruck, der quasi gleichbedeutend mit *Stakeholder Value* ist), die die soziale und ökologische Auswirkung des Handelns eines Unternehmens berücksichtigt. Dies ist eine neue theoretische Leistung (sie stammt aus 2011), doch illy folgt der Theorie bereits seit achtzig Jahren und mein Vater war ihr Fahnenträger.

Wird Schönheit die Welt retten?

KAPITEL 3

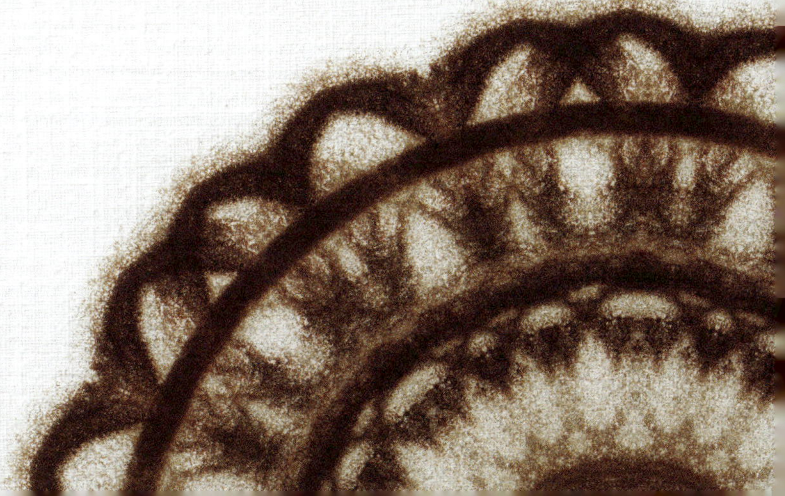

VERLORENE LIEBE

Ich habe großen Respekt vor Gelehrten. Nachdem sie ihr Leben einer Kunst oder einem Ideal gewidmet haben, sehen sie von der luftigen Höhe ihrer Erfahrung und ihres Alters auf die Welt im Wandel herab und versuchen hin und wieder, Veränderungen zu beeinflussen. Daher respektiere und bewundere ich Gillo Dorfles, den hundertjährigen Kunstkritiker, der wie ich aus Triest stammt. Wir kennen uns seit vielen Jahren, und ich hatte einmal die Ehre, ihm eine Auszeichnung zu verleihen. Ich habe Gillo wirklich gern. Er ist ein wunderbarer, nachdenklicher und rastloser alter Mann. Als Kunstkritiker hat er enorm zur zeitgenössischen Kunst beigetragen, wie ein anderer Bürger von Triest zur selben Zeit, der Galerist Leo Castelli.

Ich begegne Gillo regelmäßig bei Kulturveranstaltungen in Mailand. Er ist eine Naturgewalt. Ich glaube, dass ihn seine Abneigung gegen die heutige konfuse Modernität (die er nicht nachvollziehen kann) und seine Frustration über die Hässlichkeit, die ihn umgibt, antreibt. Wir sprechen manchmal darüber. Er glaubt, dass die zeitgenössische Kunst ihre Verbindung zur Natur, eine frühere Quelle der Inspiration und Schönheit, vollkommen verloren hat. Heutzutage umfasst die Ästhetik der Kunst auch Ekel und Hässlichkeit. Ihr Zweck ist, durch die Empörung über einen ausufernden und gelegentlich unangenehmen und brutalen Kunstgeschmack den Betrachter zu provozieren und Aufmerksamkeit zu erregen. Dadurch sind die alten Bindungen der Kunst zur Schönheit vergessen, und Gillo glaubt, dass Schönheit kein Thema mehr sei. Sie sei veraltet. Es steckt zweifelsohne etwas Wahres dahinter, doch wenn ich seine

NEUROÄSTHETIK

Neuroästhetik ist eine junge Disziplin, die auf den modernsten Neuroimaging-Techniken wie funktioneller Magnetresonanztomografie (fMRI) und Positronen-Emissions-Tomografie (PET) basiert. Diese Methoden ermöglichen es, die Funktionsweise des Gehirns in »Echtzeit« zu beobachten, und zeigen, welche Teile des Gehirns als Reaktion auf gewisse optische Reize aktiviert werden. Auf diese Weise versucht die Neuroästhetik implizit, Fragen zur Kunst zu beantworten, die sich Denker und Philosophen schon seit Jahrtausenden stellen. Was passiert innerhalb des Gehirns, wenn wir ein Kunstwerk betrachten? Im Jahr 2001 begann der berühmte Neurowissenschaftler Semir Zeki vom University College of London eine neue Art der Forschung, um die biologischen Mechanismen der ästhetischen Wertschätzung zu erforschen, indem er die Beziehung zwischen Kunst und Gehirn untersuchte.

Seine Forschung zeigt, dass es zwei Wege gibt, Schönheit wahrzunehmen: objektiv und subjektiv. Die objektive Schönheitsempfindung ist mit intrinsischen Parametern (Schönheit) verbunden und betrifft den parietalen, okzipitalen und orbitofrontalen Kortex und die Inselrinde. Subjektive Schönheitsempfindung findet in der Amygdala statt. Sie ist mit dem Individuum verbunden und hängt von seiner Kultur und seinen Erfahrungen ab.
Somit ist Schönheit im Gehirn »kodifiziert« und neurowissenschaftliche Forschung scheint zu zeigen, dass es eine Art objektive Schönheit gibt, die jede historische Ära und Kultur durchläuft. Zum Beispiel bevorzugt unser Gehirn unter den diversen Richtlinien der Schönheit die Verhältnismäßigkeit, was im Einklang mit den Geboten des »goldenen Schnitts« ist, der ab der Renaissance zur Richtlinie par excellence der ästhetischen Schönheit und Harmonie wurde.

Schlussfolgerungen höre, sage ich mir trotz meines Respekts für ihn, dass seine Aussagen im Wesentlichen eine Provokation sind. Durch das menschliche Verhalten wissen wir, dass wir genetisch veranlagt sind, uns zu Schönheit hingezogen zu fühlen. Die produktiven Tätigkeiten, durch die wir uns an unser Umfeld anpassen, und die sozialen Tätigkeiten, deren letzter Zweck die Fortpflanzung ist, drehen sich alle um Kreativität, die wiederum von Schönheit beeinflusst ist.

Daher wird es mehr als fünfzig Jahre »abweichende« Ästhetik brauchen, um ein Konzept zu eliminieren, das für unsere Spezies schon immer von zentraler Bedeutung war. Es ist nicht nur wichtig, dass wir weiterhin über Schönheit sprechen, sondern notwendiger denn je. Wir müssen neue Samen säen, sodass unsere ewige Quelle der Inspiration weiterhin wächst. Ich meine nicht nur »figurative« Aspekte, wie Dorfles sagen würde, sondern auch ein Konzept der Schönheit, das seit der Antike mit Wahrheit verbunden ist und dem Konzept des Guten ähnlich ist. Das umfassende Bild der Schönheit war in der klassischen Ästhetik verwurzelt und Petrarca deklamierte dies auch, als er über Laura sang und seine Bewunderung für ihre Schönheit mit der Bewunderung für ihre Seele und das »klare, frische, süße Wasser« um sie herum verband.

Dostojewski stellte sich diese Frage auch in einem berühmten Satz, den er später Prinz Myschkin in *Der Idiot* zuschrieb: »Wird Schönheit die Welt retten?« Meine persönliche Antwort lautet Ja.

DIE SCHÖNHEIT DES KAFFEES

Ich kann die Freude, die ich verspürte, als ich zum ersten Mal als frischer Absolvent das Unternehmen und das Labor betrat, in dem ich einige Jahre lang als Chemiker arbeiten würde, nur auf eine Art und Weise beschreiben: Es war nicht nur ein Job. Es ging nicht darum, meinen eigenen Beitrag zum Familienprojekt meines Vaters und Großvaters zu leisten. Diese Erkenntnis kam später. Stattdessen strebte ich danach, ein Ideal zu verfolgen, etwas, das höher und großartig war und das mit der absoluten Vorstellung von Schönheit eins war.

Damals wusste ich noch nicht, dass das Unternehmen zu meinem Leben oder eher zu meiner »zweiten Ehefrau« werden würde (wie meine erste oft augenzwinkernd über die Zeit und Energie, die ich dafür aufwende, sagt). Ich hatte mir nicht ausgemalt, dass es Teil meiner Arbeit sein würde, nach Ästhetik zu streben, und dass der Traum meines Vaters und Großvaters eines Tages durch eine Art Osmose von Abstammung und Idealen auch mein Traum sein würde. Doch ich wusste sofort, dass das Servieren des besten Kaffees, den die Natur zu bieten hat, ein Beruf wie kein anderer ist, sondern vielmehr eine Idee, die viele weitere Ideen umfasst. Es ist ein holistisches Weltbild und befindet sich zwischen den wunderbaren Orten, an denen die Pflanzen wachsen und die Bohnen geerntet werden, eleganten Kaffeehäusern und niveauvollen Gesprächen unter Intellektuellen, Film, Kunst und Künstlern, Null-Fehler-Produktion, Design, Fraktalen und tausend anderen Dingen. Dieses Konzept kombiniert Gutes und Schönes und findet seinen höchsten Ausdruck durch Gleichgewicht, Proportion und Harmonie. Diese Idee hat mein Leben verändert.

KALOKAGATHÍA

Man ist sich allgemein einig, dass man Schönheit in einem literarischen Werk, einer Skulptur, einer Landschaft oder einem Körper finden kann. Doch wie kann Kaffee schön sein? Die Tasse, aus der wir Kaffee trinken, kann schön sein, und genau das ist sie. In welchem Sinne sind Schönheit und Kaffee eng miteinander verbunden? Die Schönheit des Kaffees von illy entspringt aus dem meisterhaften Gleichgewicht von Geschmack und Aromen. Alle Zutaten wurden gewählt und vermischt, um ein harmonisches Endergebnis zu erhalten. Auch der optische Teil ist wichtig, der sich in einem hervorragenden Espresso in einer intensiven haselnussbraunen Farbe und den Tigerstreifen der Crema äußert, die an seinen exotischen Ursprung erinnern. Doch das ist nicht alles. Wenn ich von Schönheit spreche, meine ich auch die *Kalokagathía* der Griechen, die diesen Begriff geprägt haben, indem sie die Worte *kalós* (schön) und *agathós* (gut) kombiniert haben, um eine neue Bedeutung zu schaffen, in der Schönes und Gutes untrennbar verbunden und vonei-

MATHEMATISCHE SCHÖNHEIT

Die erste Beschreibung der Schönheit als Kombination exakter mathematischer Beziehungen (Gleichgewicht, Proportion und Harmonie der Teile) stammt von den Griechen. Seit den Pythagoreern überschnitt sich der Schönheitsbegriff mit einem proportionalen und zusammenhängenden Ganzen, das die Ordnung der bestehenden Welt wiedergab, die an sich perfekt ist. Es scheint, als ob Pythagoras der erste war, der den goldenen Schnitt berechnet und die Schönheit anhand eines mathematischen Verhältnisses zwischen den Einzelteilen bestimmt hat. Diese Vorstellung von Schönheit als Maß und Gleichgewicht wurde von Platon mit einer ethischen Konnotation untermau-

ert, nämlich durch die Vereinigung moralischer und physischer Qualitäten. So war Schönheit mit einem einzigen Modell ermittelt, dem zu folgen war. Die Begriffe »schön«, »gut« und »vernünftig« sind ohne einander nicht vorstellbar und sie sind alle an eine Regel gebunden. In der Mona Lisa, dem vitruvianischen Menschen, in Botticellis Geburt der Venus und ganz allgemein im Humanismus und der Renaissance finden wir noch heute, Jahrhunderte später, dieselbe Idee einer Richtlinie, die, wenn sie beachtet wird, zu ästhetischer Perfektion führt, was die Verwirklichung und ein Instrument moralischer Perfektion ist.

nander abhängig sind. *Kalokagathía* ist gleichzeitig schön und gut, ein Zusammenschluss der Qualität und der Sinnlichkeit der Schönheit. Dieses Prinzip umfasst den ethischen und den ästhetischen Bereich, die ich noch heute als Orientierungspunkte sehe. Ohne Wahrheit gibt es keine Schönheit, und es ist kein Zufall, dass diese beiden Konzepte jahrhundertelang miteinander verbunden waren.

EAU DE …
CAFFÈ

Rosenblüten bedecken die Oberfläche des Badewassers. Sie steigt aus der Wanne. Ihre Bewegungen sind langsam und sinnlich. Ihre Augen sind tief und rastlos, ihr Mund ist zart und ihre Haut ist bernsteinfarben. Sie bereitet sich auf eine wichtige Verabredung vor. Doch welches Parfüm wird sie tragen? Welches wird am besten ihre Schönheit zur Geltung bringen? Inés (Sastre, der Star einer der erfolgreichsten Werbespots von illy) riecht an diversen Parfüms, doch keines davon ist das richtige. Dann trinkt sie einen Espresso und hat einen Geistesblitz: Ein paar Tropfen Kaffee auf ihrem Hals und sie ist fertig. Das ist das Parfüm, das ihre Schönheit verherrlicht.

Ich habe diese Werbung immer schon geliebt, nicht nur, weil die Botschaft so elegant und kreativ ist, sie spiegelt auch meine tiefe Überzeugung wider, dass Kaffee und Schönheit – in diesem Fall weibliche Schönheit – ein untrennbares Duo sind.

Nach Inés Sastre betrat eine weitere schöne spanische Schauspielerin, Penélope Cruz, die Welt von illy. Der geniale Regisseur Pedro Almodóvar ließ ihr Gesicht auf eine Kaffeetasse drucken, wozu er von einem seiner intensivsten und leidenschaftlichsten Filme, *Zerrissene Umarmungen*, inspiriert wurde. Ich kannte Almodóvars Filme gut, und er war auf meiner persönlichen Liste der besten Regisseure. Daher werde ich nie den Tag vergessen, an dem uns unser leitender Manager in Spanien die gute Nachricht mitteilte: Er hatte gerade herausgefunden, dass Pedro ein Liebhaber von illy war. Er war ein echter Fan von unserem Kaffee und forderte ihn auf all seinen Drehorten ein.

Als wir das hörten, kontaktierten wir ihn sofort und baten ihn, eine Tasse für uns zu gestalten. Durch seine Filme hat

Almodóvar mehr als jeder andere eine originelle Poetik der Schönheit geschaffen, die ein Tor zum Neuen, zum Leben, zu Originalität und Leidenschaft ist, zum Gehen neuer Wege und Feiern mediterraner Schönheit, einer typischen Schönheit, die ein Ausdruck alter Länder wie Italien ist, die eine tausendjährigen Kultur haben. Italien war der Schmelztiegel der modernen Zivilisation, und noch heute ist es dank seiner einzigartigen Geschichte und geografischen Lage ein Spitzenreiter des Geschmacks, es hat eine der weltweit fortschrittlichsten Kulturen und einen der meistgeschätzten Stile. Die Bewunderung der italienischen Landschaft ist nicht nur eine Frage des ästhetischen Genusses. Wie der Philologe und Anthropologe Piero Camporesi vermerkte, muss man ihre Bedeutung in Bezug auf unsere Geschichte und unsere Tätigkeiten verstehen und die Botanik, Anthropologie und Geografie damit in Zusammenhang bringen. Es steckt viel mehr als Schönheit in den Dingen, die wir schön finden. Die Herausforderung ist, dem, was wir sehen, eine Bedeutung zuzuschreiben, die jenseits des wahrnehmbaren Aussehens ist.

Deshalb gibt es etwas, das über die Schönheit von Penélope Cruz auf den Tassen, die Almodóvar 2009 für uns gemacht hat, hinausgeht. Die siebente, deren Motiv aus *Zerrissene Umarmungen* genommen und als limitierte Edition produziert worden ist, gehört zu meinen persönlichen Favoriten. Das Gesicht und der intensive, sinnliche Blick der Schauspielerin ist voller Leben und wird durch die Last der Leidenschaft im Film und die erschütternden und schockierenden Widersprüche seiner Handlung hervorgehoben.

DER STERNENHIMMEL ÜBER MIR

Mein enthusiastischer Arbeitseinsatz für das Unternehmen hat seit dem Tag meines Eintritts nie abgenommen. Er war nicht nur durch Freude und Zufriedenheit motiviert, sondern auch durch eine innere Beunruhigung, einen diffusen Schmerz und das Gefühl, dass Kaffee mehr ist als das, was sich in einer Tasse befindet, nämlich etwas ganz Wunderbares, Schönes und Vollkommenes.

Ich bin ein unersättlicher Allesleser und vor ein paar Jahren habe ich den Grund für meine innere Unruhe entdeckt. Wieder einmal ist mir die antike griechische Philosophie mit ihrer Vorstellung von Schönheit, die mehr als Proportion und Harmonie umfasst, zu Hilfe gekommen. Ihre Kernaussage ist getragen von einem grundlegenden Widerspruch, der dem inneren Widerspruch in mir, den ich jeden Tag empfand, sehr ähnlich war. Einerseits ist da Apoll, die Verkörperung von Licht und Schönheit, perfekt proportioniert, der Gott der Künste, gelassen und äußerst weise, andererseits beansprucht auch Dionysos, der Gott der Trunkenheit und der Musik, seinen Platz und bedroht Apolls Vorrangstellung. Nietzsche schreibt, dass »das Apollinische und Dionysische für das Kunstschaffen notwendig« seien. Es gibt also zwei verschiedene Konzeptionen von Schönheit: eine harmonische für das Auge des Betrachters und eine etwas Beunruhigende, die Gefühle entfacht.

Daher stammen mein Traum von Kaffee, der schön ist, weil er Gefühle entfacht, mein Bestreben, alles, was ich tue, als Anfang und nicht als Endpunkt zu sehen, und meine Entschlossenheit, eine gesamte Philosophie durch Kaffee zu vermitteln. Wahre Schönheit kann nicht nur Nachahmung sein, sie muss auch der Ausdruck einer neuen, subversiven Realität sein.
Daher kann Vollkommenes nicht gemessen werden. Wie Kant sagt, ist es, verglichen mit der Zerbrechlichkeit der menschlichen Existenz, groß, unvergleichlich und unendlich, und wie viele großartige natürliche Phänomene kann es nicht auf Gesetzmäßigkeiten zurückgeführt werden. In seiner Gegenwart machen wir weder die Erfahrung von Harmonie noch von uninteressiertem Nachdenken, das sich einstellt, wenn wir »einfacher« Schönheit begegnen. Die Gegenwart des Vollkommenen ist wie der Schock, den wir erleben, wenn wir vor etwas Unvergleichbarem stehen, sie bewirkt in uns die Verwirrung, die ähnlich war wie bei den Entdeckungen von Kopernikus, Galileo und Newton. Wir sind unendlich kleine Wesen, verglichen mit der Unermesslichkeit von Raum und Zeit. Daher wird die innere Unruhe durch Vorstellungskraft ersetzt, die auf der Suche nach dem Unendlichen, Vollkommenen so weit geht, dass, wie Leopardi in einem seiner Gedichte schreibt »beinahe Angst das Herz überkommt«.

EIN MASS-GESCHNEIDERTES KLEID

Soweit ich mich zurückerinnern kann, hat Schönheit zu unserer Familientradition gehört. Mein Großvater war ein Ästhet. Er hatte exquisiten Geschmack und achtete sehr auf das Aussehen jedes Produkts, das er schuf. Mein Vater war auf seine eigene Art ein Ästhet. Er verwarf das Hässliche und behielt das Schöne. Er war ein »Selektierer« und hatte ein untrügliches Auge. Er wusste auf den ersten Blick, was funktionieren würde und was nicht. Seine Autorität und sein Charisma waren so groß, dass keiner im Unternehmen wagte, nach Gründen zu fragen oder gar seine Entscheidungen zu hinterfragen, wenn er zu etwas Nein sagte. Das betroffene Objekt kam schlichtweg nicht infrage – ohne Widerrede.

Porzellan und die Kunst seiner Verzierung haben ihren Ursprung in China, vermutlich während der Tang-Dynastie (618–907 n. Chr.). Es fand dank der Reisen europäischer Händler während des 12. Jahrhunderts und davor durch die Beschreibungen in Marco Polos »Il Milione« seinen Weg in den Westen.
Das Weiß und Kobaltblau des chinesischen Porzellans wurde an europäischen Fürstenhöfen sehr bewundert, und von der Renaissance bis zur ersten Hälfte des 18. Jahrhunderts spiegelten Keramikwaren im Allgemeinen chinesische Verzierungen und Formen wider.
Doch die Formel für Porzellan blieb jahrhundertelang ein Geheimnis. Es wurde als weißes Gold bezeichnet und wurde zu einem der wichtigsten Luxusgüter, unter anderem da der Brauch des Trinkens, inklusive von Tee und Kaffee, während des 16. Jahrhunderts an europäischen Fürstenhöfen und beim Adel beliebt wurde.

DEKORATIONEN AUF PORZELLAN

1708 entdeckte Johann Friedrich Böttger, ein junger Alchemist aus Sachsen, der bei August dem Starken angestellt war, die zwei Grundbestandteile von Porzellan: Kaolin, welches gegen hohe Temperaturen beständig ist, und Feldspat, welcher hingegen während dem Brennen schmilzt und als Klebstoff fungiert. Infolgedessen wurde Porzellan in der königlichen Meißener Manufaktur hergestellt. Die erste Manufaktur in Italien gehörte dem Venezianer Francesco Vezzi, der 1720 illegal sächsisches Kaolin von den Minen in Aue nach Venedig importierte, bis der rechtswidrige Handel von den Behörden entdeckt und eingestellt wurde. Die Verzierungen waren außerordentlich fantasievoll und stellten Tiere, mythologische Szenen, Wappen und Dekorationen mit orientalischem Flair dar. Doch die wichtigste Manufaktur in Italien war die bourbonische Manufaktur von Capodimonte, welche das Problem der Beschaffung von Kaolin durch das Perfektionieren von speziellem Weichporzellan umging. Die Manufaktur begann 1743 mit der Produktion und betraute Giovanni Caselli mit der Verzierung aus komplexen Miniaturen und Giuseppe Gricci mit dem Formen, welches von seinen Lieblingsmottos aus der Natur und dem Alltagsleben inspiriert war.

Daheim diskutierten wir oft über Schönheit und wir tun dies noch heute.
Der Anlass dafür war oft ein beliebiges Objekt wie ein Toaster. Wir haben mit der Frage begonnen, weshalb die Halterung noch aus dem Gerät herausragte, wenn es ausgeschaltet war. Das war unästhetisch. Die Frage führte zu einer Diskussion über den gesamten Toaster: seine Form, seine Knöpfe und alles andere. Was ist funktionell? Was ist unästhetisch? Wie können Schönheit und Leistung kombiniert werden?
Wir haben stets die Beziehung zwischen Leistung und Schönheit untersucht. Ich glaube, dass das der Grund ist, weshalb wir eines Tages damit begonnen haben, auf eine neue Art und Weise am Unternehmen zu arbeiten. Mein Bruder Riccardo insistierte immer vehementer auf der Idee, auf die größtmögliche Differenzierung zu früher zu setzen. Wir diskutierten diese Idee und Francesco schlug vor, dies durch Bilder zu tun, durch diese wollten wir das Neue an dem Unternehmen, das wir zu bauen versuchten, kommunizieren. Wir waren uns alle einig: Wir mussten es schöner machen.
Zu dieser Zeit produzierten wir bereits den besten Kaffee am Markt, doch nicht alle Kunden nahmen das wahr. Sie wussten nicht Bescheid über all die Sorgfalt, die wir in unser Produkt steckten, oder über die Reichhaltigkeit und Qualität, die dahinterstand. Sie tranken illy wie jeden anderen Kaffee. Vielleicht waren sie überrascht, wie gut er schmeckte, doch sie wählten ihn nicht bewusst, weil er der beste Kaffee war. Wir mussten ihre selektive Aufmerksamkeit erregen.
Francesco, der ein ausgezeichneter Fotograf ist, machte die Aufnahmen, die wir in unseren Werbekampagnen verwendeten. Es waren wunderschöne Fotos, doch sie erfüllten den Zweck nicht ganz. Francesco selbst war der Erste, der das sagte. Kunst und Schönheit mussten unsere gesamte Arbeit durchdringen, nicht nur den Teil, der mit Kommunikation verbunden war. Das Projekt wuchs allmählich, bis es sich in eine neue Unternehmensphilosophie verwandelte, die für unsere Arbeit von zentraler Bedeutung ist. Das Konzept war von Anfang an simpel: Wir mussten sichergehen, dass alles, was wir produzierten, schön war, von den Kaffeedosen bis zu den Kaffeemaschinen mit dem Kapselsystem, von den Kaffeepads bis zu dem für den Kaffeekonsum essenziellen Gegenstand, der Kaffeetasse.

Kaffee ist zweifelsohne der zentrale Gegenstand unserer Arbeit, gewissermaßen also der Körper, die Tasse hingegen ist sein Kleid. Jeder weiß, wie sehr ein schönes Kleid einen schönen Körper zur Geltung bringen kann. Mein Bruder Francesco begann, Kaffeetassen, denen man bis dato keine Bedeutung zugemessen hatte, genau zu studieren. Er besuchte Kaffeebars und widmete sich vornehmlich den Tassen. Sie waren abscheulich und oft ausgeblichen, abgeblättert und bestenfalls langweilig. Da hatte er einen Geistesblitz: Es war wesentlich, unseren Kaffee richtig zu präsentieren, um seine Qualität hervorzuheben.
Doch was war das richtige »Kleid« für unseren Kaffee? Wir brauchten etwas, das an Couture erinnerte. Es war im Jahr 1990, als Francesco ein kurzes Konzept verfasste und es an Matteo Thun, einen der besten Architekten und Designer Italiens, schickte. Matteo war ein ehemaliges Mitglied der Gruppo Memphis von Ettore Sottsass und damals der künstlerische Leiter bei Swatch. »Die Tasse ist ein Gefäß, aber auch ein

Informationsvehikel, bewusst und unbewusst. Es muss gut klingen, wenn der Barista die Tasse an die Kaffeemaschine stellt. Sie muss klingen und nur qualitativ hochwertiges Porzellan klingt – oder ›singt‹. Sie muss das Auge erfreuen. Es ist egal, ob der Kunde die Tasse bewusst ansieht oder ob er ihre Form erst mit jedem Schluck Kaffee nach und nach wahrnimmt. Sie muss sich seidig auf den Lippen und Händen anfühlen. Sie muss all unsere Sinne ansprechen, auch den Tast-, Seh- und Gehörsinn.«

Thuns Poetik ist eine ganz besondere, und als die Zeit gekommen war, unsere neue Tasse herzustellen, war ein Grund, warum wir uns für ihn entschieden haben, die Tatsache, dass seine Familie auf das Arbeiten mit Porzellan spezialisiert war. Matteo entwarf die ideale Espressotasse. Ihre Eigenschaften werten den Kaffee auf, sie halten ihn heiß, bestimmen die Ausbreitung des Aromas und bieten haptisches und ästhetisches Vergnügen. Doch vor allem hat er eine Form mit unverwechselbarem Design geschaffen. Wir haben uns dazu entschieden, ein prägnantes Merkmal einzufügen, das die Tasse unverkennbar machen würde: die einfache und harmonische Form des runden Griffes, der seit 1991 gewissermaßen symbolträchtig für das Unternehmen ist. Zum ersten Mal war unsere Tasse damit nicht nur ein Gefäß, sondern eine Projektionsfläche für Neues, nie Dagewesenes. Espresso und sein (künstlerischer) Ausdruck waren so für immer miteinander verbunden, was unser Motto, »die Kunst und Wissenschaft des Espresso«, besiegelte.

Dank der Künstler, die an dem Projekt beteiligt waren, wurden anonyme weiße Gefäße bald zu kleinen, tassenförmigen Kunstwerken, die nummeriert und signiert waren. Die erste Kollektion hieß »Arti e Mestieri« (da sie von diversen Künstlern und Handwerksmeistern verziert worden war, wie etwa von Modeschöpfer Luca Missoni, dem Architekten und Designer Matteo Thun und dem Maler Paolo Cervi Kervischer). In der Zwischenzeit haben viele der weltweit bedeutendsten Künstler die weiße Oberfläche, die Thun entworfen hat, geschmückt und damit die illy Art Collection zum Leben erweckt, etwa Sandro Chia, der sieben Tassen mit dem Namen »Facce Italiane« – italienische Gesichter – entworfen hat.

Anfangs schenkten wir den Kaffeebar-Inhabern, die unseren Kaffee verkauften, einige der Tassen. Die Tassen hatten jedoch solchen Erfolg, dass wir damit aufhören mussten. Kunden tranken ihren Kaffee und nahmen die Tasse dann mit. Einer unserer

Kunden hat uns eine unglaubliche Szene beschrieben: Eine sehr vornehme und elegante Dame betrat eines der besten Kaffeehäuser in Lissabon, um einen Kaffee zu trinken. Sie trank ihren Espresso und ließ die Tasse dann – als sei es das Normalste auf der Welt – lässig in ihrer Handtasche verschwinden, wo sie am Stoff Flecken hinterließ. Sie verließ die Bar mit einem unübersehbaren Kaffeefleck auf ihrer Handtasche.
Natürlich waren wir auf diesen großen und etwas unerwarteten Erfolg stolz, doch so konnte es nicht weitergehen. Also beschlossen wir, die Tassen in limitierte Sammlerobjekte zu verwandeln. Das war ihr (und unser) offizieller Einstieg in die Welt der Kunst.

DAS KENTRIDGE-SYNDROM

Wir alle sind in der Gegenwart von Schönheit und Vollkommenheit von starken Gefühlen überwältigt, die der psychischen und physischen Dekompensation, die als Stendhal-Syndrom bekannt ist, ähnlich ist. Dieses Gefühl ist auch medizinisch untersucht worden. Es ist eine seltene psychosomatische Krankheit, an der Menschen leiden, wenn sie Werke der Kunst oder solche von immenser natürlicher Schönheit sehen, und die geistige Verwirrung, Herzrasen, Schwindelgefühl und manchmal sogar Halluzinationen verursacht.
Ich kann mich genau an zwei Vorfälle in meinem Leben erinnern, im Zuge derer ich in der Gegenwart unglaublicher Schönheit dieses Gefühl der Verwirrung verspürte.
Das erste Mal, als ich meine Frau kennenlernte. Ich war gerade nach vielen Jahren des Studierens und Arbeitens in der Schweiz nach Triest zurückgekehrt. Ich war in einen schweren Motorradunfall in der Stadt verwickelt gewesen und noch immer dabei, mich davon zu erholen, als ich das Kaffeehaus in der Nähe meines Hauses betrat, wo ich mich seit der Schulzeit immer mit meinen Freunden getroffen hatte. Damals war mein Spitzname »Cogoma«, was im Triester Dialekt so viel wie »Kaffeekanne« heißt. Das war möglicherweise der Zeitpunkt, zu dem man begann, mich mit Kaffee zu assoziieren. Ich war noch nicht lange im Kaffeehaus gewesen, als mir eine Frau auffiel, die etwas weiter entfernt mit jemandem sprach. Sie hatte lange blonde Haare und

Die illy Art Collection ist eine Sammlung von Kaffeetassen, die von Künstlern geschaffen worden sind. Das Projekt wurde 1992 von Francesco Illy ins Leben gerufen und versammelt die künstlerischen Talente von über einhundert weltberühmten zeitgenössischen Künstlern (wie Michelangelo Pistoletto, Marina Abramović, Sandro Chia, Julian Schnabel, Robert Rauschenberg, Jeff Koons, Joseph Kosuth, James Rosenquist, Anish Kapoor, Daniel Buren, Louise Bourgeois, Francesco Clemente, Jannis Kounellis und Yoko Ono), die die Kaffeetasse von Matteo Thun aus dem Jahr 1991, die zum Symbol für das Unternehmen geworden ist, »bemalt« haben.
Die Kollektionen der berühmten Künstler wurden von Anfang an von Kollektionen vieler junger, talentierter Künstler aus aller Welt flankiert. Diese Zusammen-

DIE ILLY ART COLLECTION

arbeit hat sich oft auf andere Medien und Orte ausgebreitet wie Museen, Ausstellungen, Bücher, Installationen und Veranstaltungen. Unter den bedeutendsten Partnerschaften sind jene mit Kompetenzzentren wie MoMA PS1 in New York, Central Saint Martins in London, die Cittadellarte-Fondazione Pistoletto und das Watermill Centre, gegründet von Robert Wilson, sowie das illy-Projekt sustain-Art, das Künstler aus Schwellenländern fördert und unterstützt.
Im Allgemeinen bestehen die Kollektionen aus sechs Tassen für Espresso und Cappuccino. Ein paar Sondereditionen, die signiert und nummeriert sind, bestehen aus einzelnen Tassen oder siebenteiligen Sets, wie die Tassen mit Penelope Cruz von Almodóvar. Seit 2006 umfasst die illy Art Collection auch künstlerisch gestaltete Kaffeedosen.

ein bezauberndes Lächeln. Ihre Augen sagten mir, dass sie neben ihrer äußerlichen Schönheit auch über eine gute Seele, Liebenswürdigkeit und Intelligenz verfügte. Das macht Schönheit noch schöner. Ich wusste sofort, dass sie die richtige Frau für mich war. Es war ein starkes, überwältigendes Gefühl, dennoch war ich zugleich auch voller Gelassenheit und Optimismus. Sichtlich hat es sich dabei um eine Begegnung von Schönheit und Kaffee gehandelt.
Das zweite Mal war im Jahr 2005, als ich bei der Biennale in Venedig war. Ich betrat den italienischen Pavillon, wo William Kentridge, dem südafrikanischen Künstler, der für seine fabelhaften animierten Zeichnungen berühmt ist, ein ganzer Raum gewidmet war. Sie waren auf jede Wand des Raums projiziert. Schöne Objekte erschienen in schwarzweißen Videos von unglaublicher Poesie. Ich stand dort und bestaunte sie wie verzaubert. Dann wurde, von mir ganz unerwartet, eine Mokkakanne dorthin projiziert. Nicht irgendeine Mokkakanne, sondern die, die wir ihm gegeben hatten, als wir begonnen hatten, ihn zu »umwerben«. Wir hatten von seiner Leidenschaft für Kaffee

gewusst und gehofft, er würde eines Tages eine Tasse für uns entwerfen. Ich weiß nicht, was mit mir passiert ist, als ich dieses Kunstwerk betrachtet habe. Ganz bestimmt war ich in seinen Bann gezogen oder sogar mehr als das. Mein Zwerchfell zog sich zusammen, ganz so, als würde ich ein Stück von einem meiner Lieblingskomponisten wie Rachmaninov hören.

Später wurde mir berichtet, dass ich mich geweigert hätte, den Raum zu verlassen. Meine Begleitpersonen mussten mich regelrecht hinausschleifen. Die Installation hatte mich hypnotisiert. Visuelle Schönheit entspannt mich und versetzt mich in einen Zustand der Bewunderung, doch diese Erfahrung war anders.

Die Installation zeigte mir, dass es keine Zeit zu verlieren gab. Kurz darauf saß ich in einem Flugzeug nach Johannesburg, um Kentridge persönlich kennenzulernen. Er begrüßte mich in seinem Studio und erzählte mir unaufgefordert von seiner besonderen Beziehung zu Kaffee und wie ihn seine Suche zu illy geführt hatte. Er erklärte mir, dass er sich vorstellen konnte, die Kaffeetasse wie eine Art Zoomobjektiv zu benutzen, und dass er oft über die Aussagekraft von Kaffeetassen und Espressokannen nachgedacht hatte. Kaffee war für ihn Liebe auf den ersten Blick gewesen. Dies war der Start für eine unserer schönsten Tassenkollektionen, die auf der Technik der Anamorphose basiert. In dieser optischen Täuschung erscheint ein Gegenstand deformiert, doch sein genauer Umriss wird sichtbar, wenn er von einem bestimmten Blickwinkel aus betrachtet wird (zum Beispiel im Spiegel). Der Gegenstand, der auf dem Teller verzerrt aussieht, aber in der silbrigen, spiegelähnlichen Tasse sichtbar und erkennbar wird, ist natürlich die Mokkakanne.

DER SCHLÜSSEL ZUM GEHEIMNIS

Kunst ist zweifelsohne das effektivste Medium der natürlichen Schönheit, obwohl der Begriff der Kunst als Darstellung der Schönheit, ein Konzept, das mir sehr am Herzen liegt, im letzten Jahrhundert an Wertigkeit verloren hat. Zum Beispiel finde ich es schwierig, in Marcel Duchamps berühmter *Urinal Fountain* aus 1917 Schönheit zu finden. Dieses Argument hat in meiner

Familie schon immer unterschwellige Diskussionen entfacht, besonders zwischen meinem Bruder Francesco, der seiner künstlerischen Berufung gefolgt ist, und mir. Was ist die Aufgabe der Kunst? Was ist Kunst und was nicht? Sind die Parameter der Schönheit objektiv oder subjektiv?

Diese Themen waren auch Gegenstand faszinierender wissenschaftlicher Studien, wie etwa der Forschung auf dem Gebiet der Neuroästhetik von Semir Zeki, der mithilfe von Neuroimaging untersucht hat, wie unser Gehirn reagiert, wenn wir uns in Gegenwart eines Kunstwerks befinden. Nur Dinge, die wir schön finden, lösen emotionale Reaktionen aus und aktivieren den orbitofrontalen Kortex. »Schönheit ist keine Qualität der Gegenstände selbst. Sie existiert nur im Kopf derer, die sie betrachten, und jedes Gehirn sieht Schönheit anders«, schrieb David Hume im 18. Jahrhundert, natürlich noch ohne neurowissenschaftliche Studien zu kennen.

Ich bin nur an Kunstwerken interessiert, wenn sie mir gefallen. Obwohl Schönheit natürlich ein relatives Konzept ist, dürfen wir nicht vergessen, dass man ihr erst im 19. Jahrhundert eine übertragene Bedeutung zugeschrieben hat. Davor hatte sie eine sehr generelle Bedeutung, die sich auf den Begriff des Guten in seinen unterschiedlichen Aspekten bezog. Schönheit wurde auch schon immer als Vermittler des Überweltlichen angesehen, als Reflektion des göttlichen Geistes, die die menschliche Seele berührt und sie in Richtung Mystik lenken kann.

Vor ein paar Jahren schlug mir meine Frau, die mit der endlosen Familiendebatte zu dem Thema mehr als vertraut war, vor, das Werk *Lettera agli artisti* (Brief an die Künstler) von Papst Johannes Paul II. zu lesen, das er 1999 anlässlich des Jubeljahres geschrieben hatte. Es ist ein dynamischer Mahnruf an Künstler, Schönes zu erschaffen, als Nahrung für die Seele sowie als Weg, Gott näher zu sein. In seinem Brief denkt der Papst über die Beziehung zwischen Schönem und Gutem nach und betont, dass Schönheit der sichtbare Ausdruck des Guten ist, genauso wie das Gute die metaphysische Voraussetzung für Schönheit ist. So hilft Kunst, den Geist zu erheben und uns besser zu machen. Denn was ist die höchste Qualität des Menschen, wenn nicht seine Spiritualität? Die Mystik ist wie ein Schönheitskult und im Grunde kann alles in Kirchen als Kunst bezeichnet werden: die ausgestellten Werke, die Suche nach Proportion, die Materialien und die Ausstattung. Eine unglaubliche Schönheit, die einem zentralen

Zweck dient, nämlich dem Zweck, die Gläubigen zu inspirieren. Ich erinnere mich an eine Passage aus dem Brief, die mich besonders berührt hat: »Schönheit ist ein Schlüssel zum Geheimnis und ein Ruf zur Transzendenz. Sie ist eine Einladung, das Leben zu genießen und von der Zukunft zu träumen.« Als ich das las, spürte ich einen Impuls, zu genießen und zu träumen. An einer Stelle sprach der Papst sogar vom Reiz der Sinne als Mittel, dem Erhabenen nahezukommen. Dieser Brief enthält die Rechtfertigung und die Erklärung für all die Arbeit, die illy seit Jahren mithilfe von Kunst ausführt.

SPRECHENDE TASSEN

Schönheit ist Ausdruck und Kommunikation. Aus diesem Grund muss die Tasse mit demjenigen, der den Kaffee trinkt, »sprechen« und ihn inspirieren. Sie muss die Wahrnehmung der Sinne erhöhen und die geschmackliche Erfahrung einzigartig machen. Und sie muss auch die Idee der Schönheit in ihrem zutiefst klassischen Sinne von Harmonie und Proportion übertragen und eine starke emotionale Erfahrung bieten. Wir haben versucht, diese doppelte Herausforderung durch die Sorgfalt zu bewältigen, die wir stets in unsere Projekte stecken. Daher haben wir die Künstler anhand ihrer Werke ausgewählt. Manchmal haben wir weltberühmte Namen zugunsten neuer Talente abgelehnt. Neben den großen Meistern arbeiten wir auch mit Nachwuchstalenten aus aller Welt und mit Studenten von Instituten wie der Cittadellarte-Fondazione Pistoletto und dem Watermill Center, das von Robert Wilson gegründet worden ist. Wir bilden für jede Kollektion kleine künstlerische Teams, in denen junge Künstler die Gelegenheit haben, mit etablierten Künstlern zusammenzuarbeiten. Es ist befriedigend, neuen Talenten konkrete Chancen zu geben. Dank unserer Tassen haben sich manche dieser Talente in der Welt der zeitgenössischen Kunst einen Namen gemacht.
Wir lassen sowohl den berühmten als auch den Nachwuchskünstlern freien Lauf. Keiner wird um ein klar umrissenes Werk gebeten, das etwas exakt wiedergeben soll. Stattdessen geben wir ihnen unsere ganz besondere Projektionsfläche: die Tasse. Nur

so weit greifen wir ein. Die Künstler arbeiten ihre Ideen aus und präsentieren sie. In den seltenen Fällen, in denen das Ergebnis als nicht ausreichend angesehen wird, geht die Tasse einfach nicht in Produktion.

Anfangs war es nicht einfach, die Künstler zu überzeugen, eine Tasse für uns zu entwerfen, besonders, wenn sie bereits berühmt waren. Sie waren neugierig und zugleich verwirrt, da unsere Welt so anders als ihre war, oft verstanden sie auch unsere Absichten nicht. Doch heutzutage wird illy dank der illy Art Collection auch als Unternehmer im Kunstsektor angesehen (gelegentlich sind wir für unsere Tassen besser bekannt als für unseren Kaffee).

TRIEST-POP

Die Tassen der illy Art Collection und die Aufmerksamkeit, die wir der Ästhetik unserer Produkte schenkten, brachten ein neues Imageproblem ans Licht: Das ursprüngliche Logo schien uns nun veraltet. Es repräsentierte uns nicht mehr. Es war zu kantig, der Schriftzug erinnerte an die technische Seite des Unternehmens. Es drückte nicht die Poesie der Kunst aus und erinnerte nicht einmal an die Wissenschaft, die so eng mit unserem unternehme-

rischen Weg verbunden war. Es musste ein neues Logo her, und das ist für ein historisches Unternehmen nie eine einfache Entscheidung. Es musste also verändert werden, zugleich jedoch musste es die Kontinuität mit der Vergangenheit bewahren. Es war schwierig, ein Gleichgewicht zu finden, und der traditionelle Weg half uns nicht weiter. Anfangs hatten wir Grafikdesigner herangezogen und wir erhielten monatelang Skizzen, Vorschläge und Entwürfe, die jedoch keine bemerkenswerten Ergebnisse brachten. Es steckte keine Kunst in diesen Ideen. Daher beschlossen wir, uns an einen Künstler zu wenden.

Unsere Wahl fiel auf James Rosenquist, der nicht nur einer der Väter von Pop-Art ist, sondern auch die Wände von New York City mit zahlreichen Werbeplakaten versehen hat. Er ist ein Künstler, der mit der Sprache der Kommunikation bestens vertraut ist. Wir baten ihn, ein neues Logo zu kreieren, das an das alte erinnerte, um einen allzu großen Bruch mit der Vergangenheit zu vermeiden. Er arbeitete einige Monate daran und eines Tages rief er uns an und verkündete: »Es ist fertig.«

Die Präsentation war unvergesslich. Ein beachtlicher Teil der Mitarbeiter versammelte sich im großen Konferenzraum des Unternehmenssitzes in Triest. Die Atmosphäre spiegelte die Wichtigkeit des Anlasses wider. An einer Seite des Raums befand sich eine Staffelei mit einer Leinwand, die mit einem Tuch bedeckt war. Rosenquist begann mit einer kurzen Zusammenfassung der Bitte, die wir an ihn herangetragen hatten: Wir wollten ein Logo, das dem alten Konzept treu blieb, daran erinnerte und gleichzeitig neu war. »Eine ziemlich schwierige Aufgabe«, sagte er. Dann entfernte er das Tuch mit einem Handgriff und enthüllte eine Leinwand voller Linien, Farben und Schnörkeln. In der Mitte war unser altes Logo. Er hatte die Krone verschoben und das Wort »caffè« war entfernt worden, jedoch der Schriftzug war gleich und im Großen und Ganzen war nichts daran neu. Überall wurde gemurmelt. Was wollte er uns damit vorschlagen? Das gleiche Logo wie zuvor? Unsinn.

Doch dann, nachdem er die Aufregung, die er verursacht hatte, genossen hatte, sagte Rosenquist: »*Das* ist euer Wunsch.« Mit einer theatralischen Geste ließ er eine zweite Staffelei hereinbringen. Er enthüllte eine zweite Leinwand und präsentierte ein Pop-Art-Werk in seinem unverwechselbaren Stil und fügte hinzu: »Und das ist mein Vorschlag.« In der Mitte der Leinwand war ein neues Logo. Es war komplett neu mit einer dampfen-

den Tasse und der gleichen Krone, die auch schon Teil des alten Logos gewesen war. Das rote Quadrat in der Mitte mit einem weicheren, leicht schrägen Schriftzug schien lebendig, leuchtend, verlockend und modern. Es hatte eine starke optische Wirkung. Wir waren einige Momente lang sprachlos. Wie würde mein Vater darauf reagieren, dem die Kontinuität mit dem alten Logo besonders am Herzen lag? Wir saßen da und betrachteten die Leinwand, und dann brach mein Vater mit seiner gewohnten effizienten Knappheit das Schweigen. »Hm, das ist gut.« Dann drehte er sich um und verließ den Raum.
Die Würfel waren gefallen. Das neue Logo repräsentierte den Charakter des Unternehmens so treffend, dass es die Diskontinuität mit der Vergangenheit in den Schatten stellte.

IN ALLEM DAS BESTE

Im Laufe der darauffolgenden Wochen gab es noch ein Dilemma, das wir lösen mussten. Es gab einige Elemente des alten Logos, die uns gefallen hatten, etwa die fünfzackige Krone, die das Symbol von Triest ist (genauso wie die Farben Rot und Weiß) und allgemein als Glücksbringer gesehen wird. Wir hatten auch ein zweites Logo, das aus zwei sich überschneidenden Kreisen bestand und wie zwei Tassen von oben aussah. Es war Teil der Unternehmensgeschichte und wir brachten es nicht fertig, es wegzuwerfen. Francesco jedoch bestand darauf, dass das neue Logo nur der weiße Schriftzug in dem roten Quadrat von Rosenquist sein würde.
Schlussendlich lieferte die Diversifikation unseres Unternehmens die Lösung. Die Krone wurde zum Logo der Gruppo illy, die sich am Markt als Mittelpunkt des guten Geschmacks etablierte. Einige Jahre später verwendeten wir die Tasse mit den zwei Kreisen (ein Lieblingslogo meines Vaters, das die soziale Berufung des Kaffees darstellt, da er so oft in Gesellschaft getrunken wird) als Logo der Ernesto-Illy-Stiftung, die nach ihm benannt ist.
Zu diesem Zeitpunkt hatten wir noch ein anderes Problem. Nach den Tassen und dem Logo schien uns die Verpackung plötzlich hässlich. Es gibt immer etwas zu verbessern, und unser Streben nach Schönheit ist ein unstillbarer Durst nach Perfektion. Wir

konzentrierten uns auf die Dosen. Sie sahen wie Farbbehälter aus und waren nicht besonders schön. Ich führte eine Marktstudie durch, um herauszufinden, welche Dosen unseren Bedürfnissen am ehesten gerecht werden würden. Schlussendlich fand ich sie in Japan und flog hin, um den Kauf auszuhandeln, doch es stellte sich bald als unmögliches Unterfangen heraus. So beschlossen wir, dass wir uns, gäbe es keinen passenden Dosen auf dem Markt, eigene machen müssten. So konnten wir sicherstellen, dass sie unseren Drei-Kilo-Dosen, die in Kaffeehäusern verwendet wurden, so ähnlich wie möglich waren. Das würde Kunden kommunizieren, dass sie exakt dasselbe Produkt kauften und dass sie den gleichen Blend, den sie in Kaffeebars tranken, auch zu Hause genießen konnten.
Ein paar Jahre später, im Jahr 2001, war unsere neue 250-Gramm-Dose fertig. Doch mittlerweile hatte sich ein Mechanismus in Gang gesetzt. Es reichte nicht aus, dass wir die Dose erfunden und hergestellt hatten. Sie war schön, doch unsere Mission als Unternehmen nötigte uns, in allem nach dem Besten zu suchen. Daher wurde ein paar Jahre später die illy Art Collection auch um die künstlerisch gestalteten Dosen erweitert.

»ASCENSION«

Künstlerische Projekte sind Teil unseres unternehmerischen Wegs geworden. Das ist ein Grund, weshalb wir seit Jahren an der Biennale in Venedig teilnehmen, der weltweit bedeutendsten Ausstellung von zeitgenössischer Kunst und einem Treffpunkt für die Branche. In Wahrheit ist die Biennale mehr als bloß eine Ausstellung. Sie ist eine Gelegenheit für Inspiration und Dialog unter Künstlern sowie zwischen Künstlern und Besuchern. Ganz zu schweigen von der Tatsache, dass Venedig im Juni jedem Kunstwerk einen besonderen »Touch« verleiht. Das goldene Licht der Stadt hat bereits Generationen von Reisenden und Malern fasziniert. In Venedig setzten wir ein gewagtes Projekt in der Kirche von San Giorgio mit dem englischen Bildhauer und Architekt Anish Kapoor in Szene: die Installation »Ascension«. Eine Weihrauchsäule, die für Spiritualität stand, stieg senkrecht in der Mitte der Kirche nach oben und verschwand durch die

palladianische Kuppel. Es war eine der schönsten visuellen Darstellungen, die ich je gesehen habe, und erinnerte mich an den duftenden Dampf, der von einer Tasse Kaffee aufsteigt.
Als sich die Kirche am Tag der Eröffnung mit Menschen füllte, trat ein technisches Problem auf. Die Maschine funktionierte und der Weihrauch brannte, doch die Rauchsäule stieg nicht auf. Was war los? Es war ein schwieriger Moment, der sehr peinlich hätte werden können. Wir wollten kein schlechtes Licht auf die Curia

werfen, die uns erlaubt hatte, die Installation in diesem heiligen und wunderbaren Ort aufzubauen. Wir hätten einen sehr schlechten Eindruck hinterlassen, wenn es nicht funktioniert hätte. Dann fiel mir etwas ein, das ich nie als nützlich für das Unternehmen eingeschätzt hätte: meine Leidenschaft für den Segelsport. Ich versetzte mich einen Moment lang in die Situation eines Seglers und erkannte, dass das Problem der Starkwind »Scirocco« und die Luftfeuchtigkeit waren, die durch das große Tor, das extra für diesen Anlass geöffnet worden war, hereindrang. Das Problem war schnell gelöst. Wir schlossen eine Seite des Tors und ein Fenster an der gegenüberliegenden Seite. Sie hatten einen Luftzug verursacht, der verhindert hatte, dass die Rauchsäule für alle sichtbar aufstieg. Die Installation blieb sechs Monate lang in der Kirche von San Giorgio, und ich bin mir sicher, dass sie viele Leute inspiriert hat. Kunst kommt an den traditionell dafür vorgesehenen Orten wunderbar zur Geltung. Kunst jedoch außerhalb dieser Orte vorzuführen, ist genauso interessant, wenn nicht noch interessanter. Das ist die Aufgabe der Galleria-illy-Initiative.

SCHÖNHEIT IN DER KAFFEEBAR

An einem Sonntagmorgen schlenderte ich durch die Innenstadt von Toronto, als ich plötzlich ein Verlangen nach Kaffee verspürte. Ich sah nach, wo die nächste illy-Bar war, und machte mich auf den Weg. Es war ein kleiner Spaziergang und auf dem Weg begann ich, die anderen Kaffeehäuser, die ich sah, zu betrachten: große Ketten und kleine Kaffeehäuser, manchmal direkt nebeneinander. Der Stadtteil war voll davon. Wie würde unsere Kaffeebar sich davon abheben? Was würde sie haben, das die anderen nicht hatten, außer besseren Kaffee? Als ich ankam, wurden meine Fragen beantwortet. Es war eine Kaffeebar mit einer sehr angenehmen Atmosphäre, die besser geführt war als die anderen. Sie hatte sich für unsere Marke entschieden und unser Logo war deutlich sichtbar, doch das Konzept war im Großen und Ganzen nicht anders als das der anderen. War dies genug in einer Welt, die von Kommunikation dominiert war?
Im Laufe der darauffolgenden Tage und Monate dachte ich lange darüber nach, bis ich endlich einen Entschluss fasste: Ich

wollte einen Ort kreieren, der uns voll und ganz repräsentierte. Natürlich bedeutete das, dass wir die gesamte Kultur von illy hineinstecken mussten, wenn dieser Ort unsere Vorstellung von Kaffee zum Ausdruck bringen sollte. Wir mussten die Kultur von Kaffee, Kunst und Literatur sowie die Exotik und die Bilder der Herstellerländer verbreiten. Und wir mussten auch typisch italienische Speisen und Gebäck anbieten. Kurz gesagt, musste alles unsere Kaffeewelt widerspiegeln. Wir hatten etwas Ähnliches im Rahmen der Biennale in Venedig gemacht, wo die illymind-Räume unser Produkt an ungewöhnliche Orte transponierten.

Es war ein sehr komplexes Projekt, und ich erkannte sofort, dass eine erfolgreiche Ausführung großen Respekt für die gewählten Standorte mit sich bringen würde. Es sollte eine Kommunikationsinitiative sein, ein temporäres Kaffeehaus, das eröffnet und nach einem gewissen Zeitraum, im Idealfall nach zwei bis sechs Monaten, wieder geschlossen werden würde. Es sollte alles haben: die Art Collection Tassen, Fotos, Kurse der Università del Caffè, Verkostungen und Veranstaltungen. Und vor allem Kaffee.

Wir nannten diese Initiative Galleria illy. Das erste und glamouröseste Pop-up Lokal wurde 2005 in New York City eröffnet. Wir organisierten dort einige außergewöhnliche Veranstaltungen: Julian Schnabels Geburtstagsparty zu seinem Fünfziger, Marina Abramovićs Halloweenfeier, ein Stück des Autors und Journalisten David Rosengarten, ein Treffen mit dem Fotografen Sebastião Salgado und ein jeweils wirklich spaßiges Beisammensein mit Patricia Field, Modeguru aus New York und Stylistin von Sex & the City.

Die Galleria war als temporärer Raum geschaffen worden und war immer voll. Unglaublich ist, dass man in New York noch Jahre danach davon sprach. Einmal rief ich den globalen Werbeexperten Kevin Roberts an und schlug eine Zusammenarbeit vor. Wir tauschten uns aus und sprachen auch über die Galleria. »Ein schöner Ort, der zu Kreativität inspiriert«, sagte Roberts. Ich war wirklich überrascht. Es war 2011 und wir hatten die Galleria vor sechs Jahren geschlossen, doch er sprach ganz so, als ob sie noch offen wäre.

Nach diesem ersten Erfolg wurden weitere Gallerias in London, Mailand, Istanbul und 2008 in Triest eröffnet, wo wir zusammen mit der Stadt das 75. Unternehmensjubiläum feierten. Wir beschlossen, eine Galleria in Peking im Parkview Green Fang Cao Di, einer Gegend mit Wolkenkratzern, zu eröffnen und zwar innerhalb eines gläsernen Parallelepipeds, das durch einen

geregelten Mikrokosmos Energieeffizienz garantierte. Es ist eine Art Prototyp der in Zukunft erforderlichen Gebäude, im Falle, dass wir nicht mehr auf die Einschränkung der Umweltverschmutzung achten.
Neben der Galleria illy im Parkview Green eröffneten wir dort auch ein permanentes »illy Caffè«. Diese ziemlich intensive Erfahrung bereitete uns auf eine weitere Herausforderung vor: die Organisation des Kaffeeclusters bei der Expo 2015 in Mailand. Diese »Galleria der Gallerias« ist ein temporärer Raum, in dem man viele Besucher treffen und sich über die magische Welt des Kaffees unterhalten kann. Wir planen, in der Zukunft solche Gallerias illy direkt in unseren besten Kaffeehäusern einzurichten und sie so in kulturelle Treffpunkte wie die Literaturcafés der Aufklärung zu verwandeln.
Die Galleria ist dank des Architekten und Künstlers Adam Kalkin auch zu einem Kunstbetrieb geworden. Sein Push-Button-House-Konzept ist ein Schiffscontainer, der auseinandergenommen, gebaut und wieder zusammengesetzt werden kann.

GALLERIA ILLY

Die Galleria illy ist ein temporärer Raum, der die Philosophie hinter illycaffè voll und ganz ausdrückt. Diese wahrhaftig eleganten, kulturellen Gesellschaftsräume bewirten zahlreiche weltweit berühmte Persönlichkeiten der Kunst, Literatur, Wissenschaft, des Designs sowie des Essens und des Weins. Jeden Tag werden in den Gallerias Kurse und Verkostungen veranstaltet.

Die erste Galleria illy wurde 2005 in Soho in New York City eröffnet. 2006 wurde eine Galleria in Brera in Mailand eröffnet und 2008 eine weitere im ehemaligen Fischmarkt, dem Salone degli incanti, in Triest anlässlich des 75. Geburtstags des Unternehmens. Im September 2010 kam Berlin an die Reihe, und es wurde eine Galleria im KaDeWe eröffnet, einem der weltweit berühmtesten Kaufhäuser, das 1907 eröffnet worden ist und heute eine wahre Institution und ein kosmopolitisches Symbol der Stadt ist.

Im Oktober 2010 wurde eine Galleria illy in der Galleria Işik Teşvikiye im Stadtteil Nişantaşi, dem Stadtzentrum der Kultur und Wirtschaft in Istanbul eröffnet. 2011 wurde eine Galleria illy in London im Ausstellungsraum FLOS Moroso eröffnet. Die künstlerische Leitung dieser Galleria wurde Michelangelo Pistoletto und der Stiftung Cittadellarte anvertraut. Unter den berühmten Persönlichkeiten waren die Künstler Marina Abramović, Liu Wei und Carlito Carvalhosa, der Kunstkritiker Hans Ulrich Obrist, die Designer Patricia Urquiola, Marcel Wanders und Ross Lovegrove und der Architekt David Adjaie.

2012 wurde eine Galleria illy im Parkview Green Fang Cao Di im Herzen eines neuen Stadtteils von Peking eröffnet.

illy
illy
GALLERIA

Auf den ersten Blick sieht er aus wie eine große Kiste, doch auf Knopfdruck öffnet er sich wie eine Blume und verwandelt sich in eine wunderschöne, komplett eingerichtete und ganz in Weiß gestaltete Kaffeebar mit leuchtend roten illy Kaffeemaschinen, die illy-Espresso machen. Durch dieses Projekt können wir denen, die uns besuchen, unser Haus – das Haus von illy – öffnen und ihnen Kaffee anbieten. Es ist eine Kunstinstallation zum Thema Gastfreundlichkeit.
Ein paar Monate nach seiner Premiere an der Art Basel in Miami Beach und seiner italienischen Premiere an der Biennale in Venedig wurde das Push Button House im Time Warner Center aufgebaut, einem luxuriösen, siebenstöckigen Einkaufszentrum in New York City. Es nahm einen zentralen Bereich ein, und ich weiß immer noch nicht, wie es hineingebracht worden ist. Als es geöffnet wurde, waren die Seitenwände des Containers nur ein paar Zentimeter von der Decke entfernt. Die Wirkung war gewaltig und die Besucher waren begeistert, wenn sie beim Öffnen und Schließen zusahen.

EUDAIMONIE DES ESPRESSO

Kaffee muss an schönen und besonderen Orten getrunken werden, weil Kaffeetrinken eine multisensorielle Erfahrung ist. Wenn man den besten Kaffee, den die Natur zu bieten hat, verkaufen will, muss man verstehen, wie das Getränk von den Trinkenden wahrgenommen wird. Es ist eine ganz besondere Erfahrung, die ich als holistisch beschreiben würde. Es ist mehr als bloß der Geschmack des Kaffees, der sich auf dem Gaumen und der Zunge ausbreitet. Da ist auch das Gefühl des Tassengriffs zwischen den Fingern, der Geruchssinn wird durch das einzigartige, wunderbare Aroma stimuliert und auch der Seh- und Gehörsinn kommen ins Spiel. Schließlich hört man die für Kaffeebars typischen Geräusche: den Betrieb der Kaffeemaschinen, das Klappern der Mühlen, das Klirren von Kaffeetassen. Alles kommt in dieser multisensoriellen Erfahrung ins Spiel, selbst unser Verstand. Es hat etwas mit Synästhesie zu tun, mit einem Phänomen, das wir alle zu irgendeinem Zeitpunkt erlebt haben und das mehr als zwei

SYNÄSTHESIE

Synästhesie (vom griechischen Wort »syn« für zusammen und »aisthánesthai« für wahrnehmen) ist ein Phänomen der sensoriellen Wahrnehmung. Es entsteht durch die Ausarbeitung akustischer, optischer, olfaktorischer und der Reize des Tastsinns im Gehirn in Form von zwei verschiedenen, sich überschneidenden Ereignissen, von denen eines eine Illusion ist (zum Beispiel wird der Anblick von etwas Süßem auch als Geschmack wahrgenommen, auch wenn wir nicht davon gekostet haben, oder man nimmt beim Anblick einer Blume auch ihren Geruch wahr, obwohl wir ihn nicht riechen können). Das Phänomen ist in seiner schwächsten Form ziemlich weitverbreitet und entsteht, weil die Sinne nie völlig autonom reagieren, obwohl sie voneinander unabhängig sind. In seiner akuten und pathologischen Form können Menschen, die unter Synästhesie leiden, Geräusche hören, wenn sie Farben sehen, oder umgekehrt in Verbindung mit Geräuschen oder Worten Farben sehen.

DIE GESCHWINDIGKEIT DER SINNE

Sehsinn
120 Millionen Stäbchen und 5 Millionen Zapfen
Geschwindigkeit 20 Gbit/s

Tastsinn
5000 Rezeptoren in zwei Quadratmetern Haut
Geschwindigkeit 10 Mbit/s

Gehörsinn
15 000 Haarzellen in der Cochlea
Geschwindigkeit 2,3 Mbit/s

Geruchssinn
12 Millionen Rezeptoren, über 300 verschiedene Arten
Geschwindigkeit 28 Kbit/s

Geschmackssinn
10 000 Papillen, fünf verschiedene Arten, um Süßes, Salziges, Bitteres, Saures und Umami wahrzunehmen
Geschwindigkeit 600 bit/s

Sinne umfasst, die einander während des Wahrnehmens stimulieren.
2014 arbeiteten wir an einem wunderbaren Projekt im Rahmen der Triennale di Milano, nämlich an einer multisensoriellen Installation (die auch das Werk *Suspended Coffee* von Alistair McClymont miteinbezog, in dem ein kleiner Kaffeetropfen abgebildet ist, der in der Mitte eines Raums schwebt). Die Installation trennte die neun Zutaten des illy Blends und setzte sie anhand ihrer Aromen wieder zusammen: Schokolade, Karamell, Toast, Honig, getrocknete Früchte, frisches Obst und Zitrusfrüchte, blumig, würzig. Jeder Monoarabica, dessen dominantes Aroma auch die Einzigartigkeit seines Herkunftslandes ausdrückte, wurde durch eine Farbe und eine Folge von Klängen identifizierbar, die von Ludovico Einaudi ausgewählt worden waren. Am Ende konnten die Besucher den vollendeten Blend probieren und die musikalische und zugleich die geschmackliche Symphonie der Vereinigung verschiedener Töne und Zutaten genießen. Es war eine faszinierende, bewegende Erfahrung: Jede einzelne Komponente, die zur Kreation des Ganzen beitrug, wurde so auf dem Weg der Kunst in Erinnerung gerufen.

EIN INTEGRATIVES GETRÄNK

Eines der Dinge, die ich am liebsten tue, wenn ich in Triest bin, ist, an der Bar im Erdgeschoß unseres Unternehmens Kaffee zu trinken. Inmitten der Bar thront die fröhliche und schlagfertige Chefin: Signora Mariella. In solchen raren Momenten scherzen wir miteinander wie gute Freunde und machen uns übereinander lustig. Während dieser fünf Minuten sind wir Kameraden. Das ist auch der Magie des Kaffees zu verdanken. Trotz seiner künstlerischen Verpackung und unserer Suche nach der besten Qualität, die die Natur zu bieten hat, trotz unseres Ziels, die Orte, an denen er getrunken wird und die Zubereitungsweise zu veredeln, muss Kaffee weder luxuriös noch ein Statussymbol sein oder Unterschiede unterstreichen. Genau das war die Philosophie hinter den Literaturcafés von Triest, nämlich »demokratische« Treffpunkte zu sein, die keinen ausgrenzen. Sie waren Orte für junge Leute, Bürger und Arbeiter. Frauen warteten hier auf ihre Männer, die von ihrer Arbeit auf den Schiffen der Gesellschaften Saturnia und Vulcania zurückkehrten. Die Frauen von Triest waren unter den Ersten in Italien, die sich in Kaffeehäusern trafen, um Politik zu diskutieren, und sie waren Vorläuferinnen der Frauenbewegungen. Diese Stimmung kann man noch heute in den Triester Kaffeehäusern spüren, von den alten und berühmten wie dem Tommaseo bis hin zu den moderneren wie dem Kaffeehaus auf der Via delle Torri. Die Kaffeehäuser in Triest sind sehr gesellige Orte. Sie sind Zufluchtsorte vor der Bora und Orte, an denen man guten Kaffee genießen kann.

Ich glaube, dass etwas an Status zu gewinnen beginnt, wenn zwei Faktoren gegeben sind: Seltenheit und Kostbarkeit. Durch diese beiden Elemente kann etwas exklusiv werden, im Sinne dessen, dass die Mehrheit der Menschen davon ausgeschlossen ist. Von diesem Standpunkt aus kann Kaffee, eines der integrativsten und sozialsten Getränke, niemals exklusiv sein oder zu einem Statussymbol werden. Und das bereue ich nicht, ganz im Gegenteil. Je mehr Kaffee getrunken wird und je höher die Qualität ist, desto mehr werden Kaffeebauern profitieren. Es ist daher meine Hoffnung, eine immer größere Anzahl von Fans zufriedenzustellen, die heute nicht mehr als zwanzig Prozent der Weltbevölkerung ausmachen.

In Zukunft wird Kaffee dank ständiger Verbesserung der Qualität und der Verarbeitung sowie dem wachsenden Konsum noch kostbarer werden. Das passierte auch einst beim Wein, dessen Produktion heutzutage von Fasswein bis hin zu edlen Weinen reicht. Natürlich glaube ich nicht, dass wir jemals die Luxusexzesse von Sammlerweinen erreichen werden, die zu exorbitanten Preisen versteigert werden. Es gibt auch ein technisches Limit, da Kaffee nicht lange reift. Es gibt Weine aus dem späten 19. Jahrhundert, doch es wird wahrscheinlich nie hundert Jahre alten Kaffee geben. Der älteste Kaffee, den ich je getrunken habe, war elf Jahre alt und an der oberen Grenze seiner Reifung angelangt. Ich konnte sein Aroma nur genießen, weil es in einer unseren durch das Überdruckverfahren versiegelten Dosen konserviert worden war, ansonsten wäre es über die Jahre komplett verschwunden. Neben dem Problem der Reifung sind genetische Veränderungen bei Kaffeepflanzen weniger offensichtlich als bei Weintrauben, obwohl dank der Forschung an neuen Hybriden und einheimischen Arten, die

noch nicht vermarktet werden, möglicherweise Überraschungen bevorstehen könnten.
Der Weg zum Erfolg liegt in der absoluten Überlegenheit eines Produktes, und er ist in diesem Sektor bereits verfolgt worden. Dies könnte eine weitere evolutionäre Entwicklung des Kaffees begünstigen: von der Spezialität zur Exzellenz. Das Erlebnis, Kaffee zu trinken, kann durchaus auch etwas sehr Luxuriöses sein. Schließlich kann uns keiner davon abhalten, Espresso aus einer goldenen Tasse zu trinken. Eleganz und Opulenz sind schon immer ein Teil der Kaffeewelt gewesen. Man denke nur an die Kaffeehäuser Mitte der 1800er-Jahre mit ihren zahlreichen Vergoldungen, Spiegeln, dem Marmor und der kostbaren Einrichtung. Vielleicht wird dieser Prunk durch das Auf und Ab der Geschichte eines Tages wieder in Mode kommen, möglicherweise durch die Aufwertung vonseiten einer neuen Kategorie von Liebhabern. Doch auf alle Fälle wird die Erfahrung des Kaffeetrinkens immer jedem offenstehen. Darin liegt seine Stärke.

SOCKEN UND ERDBEERKAFFEE

Wenn Kaffee an sich nie wahrer Luxus sein wird, was ist dann Luxus? Der französische Luxusguru Jean-Noël Kapferer benutzte das Konzept eines »goldenen Dreiecks«, dessen Spitze aus Tradition, Status und Erfahrung gebildet wird. Tradition steht für die Wurzeln der Marke: ihr Herkunftsland, ihre Geschichte, ihre Dynastien, ihren Stil, ihre Vorherrschaft und ihr Wissen. Status wird durch die Anerkennung von Meinungsführern verliehen, und Erfahrung kommt von dem Konsum des Produktes und seiner Marke. Um ein Luxusgut zu sein, muss eine Marke schöne, gut gemachte Produkte anbieten, die einen hohen Grad an Kultur und Erfahrung aufweisen. Kurz gesagt, müssen sie so selten und teuer sein, dass sie Spuren in der Geschichte hinterlassen. Es ist kein Zufall, dass kulturelle Erbgüter und Familienschmuck, die von Generation zu Generation weitergegeben werden, schon immer Luxusgüter gewesen sind. Schönheit liegt im Detail, wie bei einem Gemälde von Canaletto. Doch wir müssen wissen, wie man Schönheit erkennt, und unser Geschmack muss dafür

ALTAGAMMA

Die Altagamma-Stiftung wurde 1992 von den großen Marken des italienischen Stils gegründet, um die Wettbewerbsfähigkeit der kulturellen und kreativen Industrie Italiens zu stärken und den italienischen Lebensstil weltweit zu verbreiten. Die Stiftung besteht aus rund achtzig Unternehmen, vor allem aus den Bereichen Mode, Design, Lebensmittel, Hospitality, Automobile, Schiffe, Schmuck, Schönheit und Wellness sowie aus etwa einhundert Ehrenmitgliedern aus aller Welt.

Die Hauptinitiativen der Stiftung umfassen Geschäftsentwicklung, die Geschäftskultur und ihre Förderung (durch Studien und Marktforschung, für die Altagamma ein weltweiter Bezugspunkt ist), nationale und internationale institutionelle Beziehungen, Co-Marketing unter assoziierten Unternehmen, Managerschulung und die Organisation von Tagungen und Veranstaltungen.

Das Logo von Altagamma ist das Ikosaeder, das Leonardo da Vinci für Luca Paciolis Abhandlung *De divina proportione* gestaltet hat und das das Konzept des »Schönen, Guten und Gelungenen« symbolisiert, was die drei Gebote einer Unternehmensphilosophie zusammenfasst, die dem Streben nach Einzigartigkeit gewidmet ist.

ausgebildet sein. Remo Bodei, ein Philosoph, der umfangreiche Forschungen zur Ästhetik der Schönheit und des Vollendeten betrieben hat, sagte einst, dass die Regeln der griechischen Maße (deren Ziel es war, Schönheit durch die Harmonie des Ganzen zu finden) heute nicht mehr gültig seien. In der Moderne würde Schönheit von der Idee des Geschmacks überholt. Daher ist die zentrale Frage, wie man Geschmack ausbildet, oder eher, wie man die Voraussetzungen schafft, damit Schönheit erkannt und geschätzt werden kann.

Ich sage es bei Altagamma immer wieder: Diejenigen, die Luxusgüter herstellen, dienen einem erhabenen Zweck. Sie verkaufen nicht nur Waren, sondern müssen auch ihre Kunden im Geschmack unterrichten. Ich erkannte dies zum ersten Mal in China. Für eine meiner Reisen nach China vergaß ich, Kniestrümpfe einzupacken. Ich war gerade von einer anderen Reise zurückgekehrt und hatte meinen Koffer überstürzt gepackt und nur die Kniestrümpfe an meinen Füßen mitgenommen. Ich sagte mir: Kein Problem, ich gehe einkaufen, wenn ich ankomme. Es gibt neun große Luxuskaufhäuser in Shanghai. Ich durchsuchte alle. Ich ging in jeden italienischen und französischen Laden, den ich fand. Fand ich auch nur ein einziges Paar geeigneter Socken? Natürlich nicht! Der Grund dafür ist, dass chinesische Männer lieber kurze Socken tragen. Die Läden haben sich dem Geschmack der Kunden angepasst und verkaufen, was die Kunden wollen. Doch wenn es eine eiserne Regel der Eleganz gibt – und es gibt sie –, dann besagt sie, dass kurze Socke unzulässig sind. Als Botschafter der italienischen Lebensweise können sich unsere Marken nicht einfach den Brauchtümern eines anderen Landes anpassen. Sie müssen auch italienischen Stil und Eleganz fördern, denn das ist es, was die ganze Welt an uns liebt.

Es gibt auch in meiner Arbeit schon immer ein grundlegendes Dilemma: Passen wir uns dem Geschmack der Kunden an, um mehr Kaffee zu verkaufen, oder versuchen wir, sie in Richtung Qualität zu lenken? Ich bin davon überzeugt, dass gewisse Marktdynamiken abgelehnt werden müssen, da der Rückgang ansonsten unaufhaltsam wäre. Wir haben eine klare Entscheidung getroffen, was unseren Espresso angeht. Würden Sie ihn gerne mit Erdbeersirup trinken? Gerne, doch den müssen Sie von zu Hause mitbringen. Bei illy versuchen wir zu erklären, wie Kaffee getrunken werden soll, und wir versuchen, unsere Kunden mit dem Produkt in seiner maximalen Qualität vertraut zu machen.

Das ist ein wesentlicher Aspekt. Danach liegt es an ihnen. Das Wichtige ist, zu erkennen, dass Schönheit, Güte und Eleganz Kulturfragen sind. Als die ECCIA (European Cultural Creative Industry Alliance, die von Altagamma gefördert wird) gegründet wurde, war ich nicht überrascht, als die Kreativindustrie »kulturellen« Status erhielt. Das ist der springende Punkt: Kultur durch Schönheit zu schaffen. In Wirklichkeit ist Schönheit die wichtigste Sprache, um Qualität und Prestige zu kommunizieren.

DIE SCHÖNSTE KAFFEE-MASCHINE DER WELT

Wie kann man auch nur versuchen, ausgezeichneten Kaffee mit einer Maschine zu machen, die nicht schön ist? Das war der Gedanke, der meinen Großvater zum Illetta-Projekt inspiriert hat und der vor allem der Traum meines Bruders Francesco ist. Mir wurde schon zu Beginn meiner Karriere die wunderbare Gelegenheit gegeben, diesen Traum zu verwirklichen. Leider habe ich sie damals nicht wahrgenommen. Unser japanischer Partner schlug mir vor, dass wir mit dem Architekten und Designer Mario Bellini aus Mailand zusammenarbeiten sollten, um eine Kaffeemaschine zu gestalten. Ich war sehr jung und konnte nicht einschätzen, wie wichtig und strategisch das Projekt war. Als es scheiterte, unternahm ich also keine Anstrengung, die Initiative zu setzen und den Anstoß zu geben, um es wieder in Gang zu bringen. Diese Entscheidung bereute ich später zutiefst. Mario ist einer der außergewöhnlichsten Designer Italiens. Er hat achtmal den Goldenen Zirkel gewonnen und ist der Vater vieler atemberaubender Innovationen. Nach diesem ersten Kontakt verloren wir uns aus den Augen, doch als ich ihm Jahre später wiederbegegnete, lud er mich in sein wunderbares Haus ein. Sein großes, verglastes Wohnzimmer hat einen Ausblick auf einen Innengarten und zeigt einige seiner schönsten Werke. Es ist jedoch kein Museum, sondern ein lebendiger, dynamischer und einladender Ort. Mario hat den Raum auf eine unglaubliche Weise gestaltet. Die Beleuchtung, die Bücher, die Musik, alles ist an seinem Platz, dennoch ist es ein neuer Raum, der speziell für den Anlass geschaffen worden ist. Das Haus ist ein wahrer Tempel der Schönheit und war für mich ein

Beweis, dass wir vor all den Jahren eine tolle Gelegenheit verpasst hatten.

Zum Glück kam 1994 mein Bruder Francesco mit seinen Francis Francis Kaffeemaschinen zur Rettung, die ihre Existenz der Begegnung mit der Person, die Francesco »mein Bleistift« nennt, verdankt: dem Architekten Luca Trazzi, der bei Aldo Rossi studiert hat. Die erste Maschine (X1, die 1995 auf den Markt kam), wurde bald zu einer Legende. Ihr Retrostil erinnert an das Armaturenbrett einer anderen Legende: an das des Fiat 500. Die Kaffeemaschine war so erfolgreich, dass wir sofort beschlossen, sie in einer Doppelausführung herzustellen, der X2, die heute noch in Tausenden von Restaurants verwendet wird. Darauf folgten die

X3 und später die X4, die allerdings so kompliziert war, dass sie nie produziert wurde. Die X4 diente jedoch als Vorlage für eine professionelle Version, die XP1. Die ungewöhnlich geformte X7, die bis heute hergestellt wird, war ein weiterer großer Erfolg. Sie ist sowohl Ausdruck futuristisch inspirierten Bolidismus' als auch eine ungewöhnliche Hommage an das Gesicht von ET, Spielbergs berühmtem Außerirdischen. Darauf folgte die X8, eine Maschine, die ich persönlich liebe. Die Öffentlichkeit teilte meine Meinung jedoch nicht. Dann kam die X9, die von Mino Fusco entworfen wurde, und die X1 Anniversary, die das zwanzigste Jubiläum der X1 feierte. Alle Maschinen der Francis-Francis-Serie sind im Pop-Stil gestaltet. Wie das Logo der Kaffeetassen drücken ihre geschwungenen Linien die Rundheit und Geschmeidigkeit unserer Blends aus.
Doch illy hat auch eine minimalistische Seele, was zum Beispiel an unseren Dosen zu sehen ist. Da dieser Doppelcharakter aus Pop und Minimalismus im Lauf der Jahre nie aufgelöst worden ist, haben wir auch eine neue Serie von Kaffeemaschinen mit schlichtem Design für unsere Kunden entworfen, die Minimalismus bevorzugen: die Y-Serie. Die Y1, eine eher bizarre und asymmetrische Kaffeemaschine, hat hohen Bekanntheitsgrad und den Red Dot Design Award, eine der weltweit bedeutendsten Designauszeichnungen, gewonnen. Darauf folgten die Y3 (mit einem neuen Design von Piero Lissoni) und die Serie Y5.

WENN ESPRESSO WIE DESIGN IST

Italien, insbesondere Mailand, ist seit Jahrzehnten das Zentrum des Designs. Seit der Zeit nach dem Zweiten Weltkrieg zeugt die italienische Herstellungsindustrie von einer Kreativität, die sich auf alles »Made in Italy« ausgewirkt und dabei geholfen hat, das weltweite Image Italiens aufzubauen. Um diese kulturelle Identität auszudrücken, hat illy neben den Möglichkeiten, die das Unternehmen für kreative Talente in der Designbranche geschaffen hat (Design ist der Kunst ähnlich, und dennoch etwas anderes), beschlossen, bei der Gestaltung von unseren Kaffeemaschinen und dem Zubehör ausschließlich mit italienischen Designern zusammenzuarbeiten, nämlich mit Enzo Mari,

Claudio Silvestrin, Matteo Thun, Luca Trazzi und Paola Navone. Wir investieren seit Jahren in den italienischen Schöpfergeist, um unsere Identität auszudrücken. Dies ist auch ein indirekter Weg, die kulturelle Homologation zu bekämpfen, die ein großes Risiko der Globalisierung ist. Gleichzeitig werten wir drei Jahrtausende der italienischen Geschichte auf sowie die Natur und Kreativität ihrer besten Köpfe.

Ich weiß, dass meine persönliche Meinung möglicherweise nicht geteilt wird, doch ich glaube, dass der einzige Weg, Einzigartigkeit auszudrücken, die Förderung des eigenen Landes und »autochtonen« Designs ist. In den letzten Jahren sind viele italienische Unternehmen andere Wege gegangen und haben ausländische Designer aus anderen Kulturen angeheuert, um ihre Produkte zu kreieren. Es handelt sich dabei um ausgezeichnete Experten, dennoch kann diese Entscheidung das Konzept von »Made in Italy« verzerren. Meiner Meinung nach kann nur italienische Kreativität den italienischen Stil interpretieren. Das Heranziehen der weltweit besten kreativen Köpfe mag im Bereich der Kunst, die transnational ist, gut funktionieren, Design ist jedoch sehr stark mit der »Seele« eines Landes verbunden. Gerade der Espresso ist eng mit der italienischen Identität verbunden. Ganz gleich, wie viele »Italian Sounding« Produkte im Ausland erfunden werden, Espresso wird in Verbindung mit Kaffeebars und der damit verbundenen Lebensweise stets Italien repräsentieren.

Natürlich ist die Kreativität in Italien in den letzten Jahrzehnten nicht im Geringsten versiegt. Daher träume ich von einer wichtigen Erneuerung des italienischen Schulsystems mit einem strategischen Projekt auf nationaler Ebene, das auch eine große Rolle in der Unterstützung der wirtschaftlichen Erholung spielen kann.

Was illycaffè betrifft, stellt ein einziger ausländischer Designer eine Ausnahme dar, der jedoch stark von der italienischen Kultur inspiriert ist und in jedem Fall als Design-Künstler gilt: der Israeli Ron Arad. Ich hatte vor Jahren die Gelegenheit, ihn in seinem Studio in London kennenzulernen und war von der Begegnung sehr beeindruckt. Sein Studio hat eine ganz besondere Atmosphäre. Es ist voll von Skulpturen, Holz und Objekten von unglaublicher Schönheit. Wir verbrachten einen ganzen Tag zusammen und genossen die Gesellschaft des jeweils anderen wie zwei Kinder. Ron ist ein sehr freundlicher und intelligenter

Mensch. Als ich ihn kennenlernte, arbeitete er an einer Retrospektive zum Fiat 500 für ein Museum in Israel. Er stellte mir viele Fragen über Italien und das Auto und erzählte mir, dass er zutiefst von meinem Heimatland inspiriert sei.

LOVEMARKS

Ich bin davon überzeugt, dass Kreativität von großer Bedeutung ist. Nicht nur für mich (ich kann wirklich nicht darauf verzichten), sondern für die Menschheit an sich. Ohne Kreativität gäbe es keine Zivilisation. Sie ist von Schönheit inspiriert und leitet uns in unseren Haupttätigkeiten. Sie ist eine grundlegende Haltung für jeden, doch besonders für jene, die in der Werbebranche arbeiten. Als wir uns für Kevin Roberts entschieden und ihm vorschlugen, sich um unsere Marke zu kümmern, baten wir ihn, persönlich ein wichtiges Kommunikationsprojekt auf die Beine zu stellen. Ich war von seiner Theorie der *Lovemarks* fasziniert, die als grundlegende Idee seine gesamte Arbeit durchzieht: Wenn sich eine Marke verkaufen will, muss sie Menschen überzeugen, sie zu lieben. Sie muss daher alle Eigenschaften eines Gegenstandes der Liebe haben. Sie muss schön, attraktiv und mysteriös sein.
Kevin willigte ein, sich selbst um uns zu kümmern, weil er uns kannte und bei der Galleria illy in Soho persönlich einen Fall von Liebe auf den ersten Blick erlebt hatte. Er machte sich an die Arbeit als Teamleiter bei Saatchi & Saatchi, einem Team, das kreative italienische Talente versammelte. Sie arbeiteten einige Monate lang und stellten eine Idee vor, deren Konzept so einfach wie einfallsreich war: live happilly. Ein starker Slogan, der an Glück und an das Unternehmen erinnerte, nicht nur, weil er den Namen enthielt, sondern auch weil Glück eines der Ziele war, das ich mit meiner Arbeit immer anstrebt habe.
Doch ein Gefühl ist eine Sache. Konnten wir als Unternehmen wirklich sagen, dass wir »Glück verkauften«? Konnten wir wirklich hoffen, Menschen glücklich zu machen, indem wir ihnen Kaffee anboten? Ich bin mit den Gefahren einer Werbung, die zu große Versprechungen macht, bestens vertraut. Es handelt sich dabei um eine ethische Entscheidung, die für ein Unternehmen immer kontraproduktiv ist, da es Kunden mit attrakti-

ver Werbung anlockt und ihnen mehr verspricht, als es halten kann. Ich wollte nicht, dass uns das passierte. Also nahm ich mir etwas Zeit zum Überlegen und versuchte zu verstehen, wie tief und wahr dieses Versprechen, das wir machten, war. Ich überprüfte die gesamte Wertschöpfungskette unseres Kaffees, von der Bohne bis zur Tasse, und schlussendlich entschied ich, dass wir durch die Qualität unseres Produkts einen positiven Kreislauf schufen, der das Wohlbefinden des Kunden mit den Entwicklungsmöglichkeiten der Bauern verband. Das waren immerhin zwei Ingredienzien für Glück.

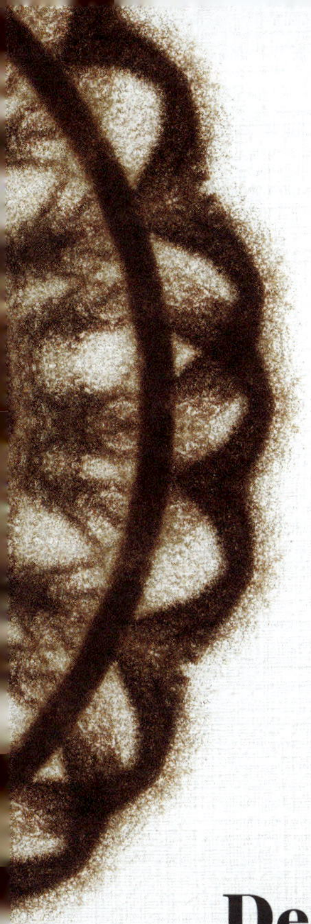

Der Geschmack von Glück

KAPITEL 4

EIN GELBES FAHRRAD

Wir waren bei uns zu Hause ans Maßhalten gewöhnt. Ich bin das jüngste von vier Kindern, von denen drei Jungen sind, und als ich jung war, erbte ich immer die Kleidung, die Spiele und sogar das Spielzeug meiner Geschwister. Ich hatte selten etwas, das ich wirklich als meins bezeichnen konnte, doch ich konnte mich auch nicht beschweren. Ich kann nicht sagen, dass ich dadurch weniger glücklich war, auch weil es mir an nichts fehlte. Eines Tages geschah jedoch etwas Unglaubliches. So schien es zumindest mir als Kind. Komtur Ciaburri, ein Freund der Familie, besuchte uns oft, wenn er in Triest war. Er sage mir, dass er mir etwas schenken wolle, und fragte mich, was ich mir denn wünschte. »Du kannst haben, was du willst«, fügte er hinzu, möglicherweise um mich zu ermutigen, mir etwas zu wünschen. Ich sagte ihm skeptisch, dass ich gerne ein Fahrrad hätte. Es wäre ein wahrgewordener Traum, ein eigenes Fahrrad zu haben, doch es wäre wohl sicher zu teuer. Meine Skepsis muss recht offensichtlich gewesen sein und »don Peppino«, wie ich ihn nannte, war beleidigt. Trotz seiner schroffen Art war er eine gute und großzügige Seele, und da er keine Kinder hatte, hing er sehr an uns. Es tat mir leid. Ich hatte ihn nicht beleidigen wollen, hatte jedoch nicht glauben können, dass ich ihn um so ein tolles Geschenk nur hätte bitten müssen, um es zu bekommen. Am nächsten Tag erschien Ciaburri pünktlich an unserer Haustür. Er klingelte an der Tür und draußen stand ein wunderbares, glänzendes, schönes gelbes Fahrrad. Ich kann nicht beschreiben, was ich in diesem Moment gefühlt habe, das Gefühl war jedoch so stark, dass ich mich noch heute daran erinnere.

War das Glück? Nachdem Kevin Roberts das Konzept »live happilly« für unsere neue Kampagne vorgeschlagen und illycaffè auf

diese Weise an den »Glücksmarkt« angeknüpft hatte, fragte ich mich oft, was wir mit Glück eigentlich meinten. Konnten wir wirklich sagen, dass wir unsere Kunden glücklich machten? Und was genau bedeutete Glück überhaupt?
Allgemeiner betrachtet: Wie kann man glücklich werden? Wenn man persönliche Unterschiede unberücksichtigt lässt, wie kann man die notwendigen Bedingungen definieren, die ein glückliches Leben ausmachen? Generationen von Philosophen haben über diese Frage nachgedacht, und ich wusste, dass es nicht einfach sein würde, eine Antwort zu finden. Wie üblich begann meine Suche bei den antiken Denkern.

PHILLYSOPHIE

Ich bin von starkem Wissensdurst geplagt. Ich muss alles, was ich mache, verstehen, und um das zu können, wende ich mich oft an die Philosophie, die Lehrmeisterin des Lebens. Glaubt man den griechischen Dichtern, wird Glück durch ein Leben, das vom Streben nach Philosophie bestimmt ist, möglich, darüber hinaus jedoch durch die vielen glückvollen Momente und die einmaligen Gelegenheiten, die nur ergriffen werden müssen. Für die Römer sind diese idealen Vorstellungen durch Horaz' *carpe diem* zusammengefasst worden. Diese Idee gefiel mir und zuerst schien sie unserem Slogan »live happilly« zu ähneln. Zweifelsohne ist die Zeit, die ich mit dem Trinken und Genießen von Kaffee verbringe, ein Moment puren Glücks, nicht nur wegen des Dopamins, das meinen Geist stimuliert, sondern auch wegen all der Schönheit in der Vergangenheit und der Gegenwart, die diese Geste begleitet. Und trotzdem reichen Gutes und Schönes nicht aus, um glücklich zu machen. Horaz' erhabener Rat ist der Ausdruck eines Gefühls, das zu »persönlich« ist, zu eng verbunden mit simplem Vergnügen, um wirklich befriedigend zu sein.
Eine Zeit lang gefiel mir das sokratische Konzept, das Tugend, Glück und Wissen verbindet: Wer weiß, was gut ist, muss es zwangsläufig umsetzen, und die, die das Glück suchen, sind glücklich. Laut Sokrates ist ein tugendhafter Mensch immer glücklich. Wie könnte man das nicht faszinierend finden? In seinem Denken sind Logik und Ethik eng miteinander verbunden, insgesamt erscheint es jedoch als etwas utopisch. Meine pragma-

tische Seele verlangte mehr: einen Begriff des Glücks, der nicht nur aus »Erkenne dich selbst« und Meditation, sondern auch aus Handeln bestand. Um meiner Arbeit und meinem Leben einen Sinn zu verleihen, brauchte ich eine komplexere Idee von Glück, die sich nicht nur auf die Betrachtung des Guten und Schönen beschränkte, sondern auch auf aktiven und organisierten Altruismus ausweitete, der den öffentlichen und den privaten Bereich unauflösbar miteinander verband. Ich brauchte etwas, das dem aristotelischen Ideal der *Eudaimonie* nahekam, in dem Glück mit öffentlicher und privater Tugend identifiziert wird und auch Ethik umfasst.

Obwohl sie unterschiedlichen Welten angehören mögen, sind *carpe diem* und *Eudaimonie* im Kaffee vereint. Denn die Erfahrung des Kaffeetrinkens ist multisensoriell, inspirierend und erfordert ein Teilen. Ich glaube, dass Eudaimonie all diese Aspekte mit sich bringt, weil Glück durch Sinnesfreude erreicht wird, was wiederum den Intellekt und das Teilen inspiriert. Genau das passiert bei einem Espresso. Er bedeutet, einen Moment im Sinne des Genusses zu ergreifen, sein Aroma einzuatmen und seine Vollmundigkeit zu genießen, die Erfahrung des Teilens zu erleben, indem wir ihn mit anderen trinken, und den Moment in

EUDAIMONIE

Das griechische Wort »Eudaimonie« besteht aus der Vorsilbe »eu« (gut) und »daimōn« (Geist) und bezieht sich auf den Zustand des Wohlbefindens, der durch die Präsenz eines guten daimōn, einer Art geistigen Führers, der über das Schicksal von Menschen wacht, ermöglicht wird. Eudaimonie basiert nicht auf der Beziehung zwischen Glück und Vergnügen (Hedonismus), sondern eher auf der Beziehung zwischen Glück und Tugend.
Die Hauptvertreter der Eudaimonielehre sind Platon, für den alle Tugenden im Wissen zusammenkommen und so Glück ermöglichen (da die, die das wahre Gute kennen, nicht anders können, als es anzustreben), und Aristoteles, für den Glück in der Erfüllung von Zielen und in der Realisierung von Fähigkeiten liegt und des Weiteren der Höhepunkt durch das Streben nach der höchsten Tugend, die theoretisch ist, erreicht wird. Eudaimonie sieht Glück als Belohnung für Tugend, die daher eine wesentliche Bedingung ist. Dieser Gedanke wurde während der Aufklärung durch den Utilitarismus von Jeremy Bentham neu vorgestellt. Seiner Ansicht nach sind nützliche Dinge jene, die »das größte Glück für die größtmögliche Anzahl von Menschen« bringen.

HEDONISMUS

Manche Philosophen glauben, dass Hedonismus das Fundament von Glück ist. Insbesondere war Epikur der Meinung, dass Glück durch die rationale Berechnung von Vergnügen oder eher durch das Leben in Einklang mit der Vernunft erreicht werden kann. Vergnügen können natürlich, unnatürlich oder nicht notwendig sein. Die unnatürlichen oder nicht notwendigen Vergnügen, wie das Erlangen von Berühmtheit oder das Ansammeln von Reichtum, müssen unter allen Umständen vermieden werden, da sie zu Unzufriedenheit führen. Natürliche und nicht notwendige, wie das Vergnügen guten Essens oder edler Getränke müssen in Maßen genossen werden, der Situation entsprechend und unter Berücksichtigung der Konsequenzen. Nur die natürlichen und notwendigen Vergnügen, wie das Stillen von Hunger und Durst, müssen angestrebt werden, da sie keine seelische Unruhe verursachen. Diese Vergnügen führen zusammen mit den nicht notwendigen (in Maßen) zu Glück.

eine Gelegenheit für Begegnung und Austausch zu verwandeln, wie es in italienischen Bars üblich ist.
Diese Orte, die nicht zufällig auch ganz allgemein als Cafés bezeichnet werden, sind der Ausdruck eines Lebens der Geselligkeit und der kreativen Momente, einer einzigartigen Atmosphäre, die Italien prägt – was wir Italiener oft gar nicht wahrnehmen, da wir sie gewohnt sind. Kaffee und Kaffeehäuser sind seit Jahrhunderten ein Mittel, das Italienern erlaubt, ihren Geist und ihre Kultur zu pflegen. Sie sind selbst Teil der italienischen Kultur geworden, eine Kombination aus Wissen und Traditionen, die wir weltweit verbreitet haben und die durch Teilen übermittelt wird.

DER WEG NACH ITALIEN

Es ist immer hilfreich, sich durch die Augen anderer zu betrachten. Ob nun uns selbst oder das Land, in dem wir leben, wenn wir eine andere Perspektive einnehmen, können wir immer Dinge entdecken, die wir nicht gewusst oder die wir nicht für wichtig genug gehalten haben. Meine erste Gelegenheit, dies zu tun, hatte ich, als ich in die Schweiz zog, um dort zu studieren und zu leben. Ich hatte davor noch nie so viel Zeit außerhalb Italiens verbracht und nach einiger Zeit begann ich, ohne es zu wollen, mein Heimatland mit den Augen eines Fremden zu betrachten. Wie es so oft passiert, erschien mir Italien aus der Ferne in seiner ganzen Pracht. Egal, wohin ich blickte, sah ich ein unglaubliches Land, eine Quelle immenser Inspiration für alle. Ein unfassbares, komplexes, wunderbares und unorganisiertes Land, dessen fröhliche Lebensweise zu offenen sozialen Beziehungen ermutigte, die auf einem Teilen basierten, ein Land, dessen Landschaft und Farben kreative Köpfe inspirierten, dessen Traditionen nicht nur die Industrie, sondern auch das tägliche Leben der Bewohner beeinflussten, und dessen Küche eine Quelle des wahren Glücks war. Kurz gesagt – ein märchenhaftes Land.
Während meiner Studienzeit arbeitete ich für eine Theaterproduktion, die mit einer Adaption von *La Strada*, einem der größten Meisterwerke von Federico Fellini, in Frankreich auf Tour ging. In dieser Zeit lernte ich Fellinis ganze erzählerische

Kraft kennen. Seine Werke vereinen sein visionäres Genie mit den wehmütigen und arroganten Impulsen des Bürgertums, die typisch für die Epoche waren. Ich sah in ihm einen wahren Meister und war fasziniert von ihm. Während der Monate, die wir auf Tour verbrachten, hoffte ich, dass er eine Vorstellung besuchen würde, sodass ich ihn persönlich kennenlernen konnte, doch leider war er damals bereits krank. Stattdessen kam seine Ehefrau, Giulietta Masina, zu einer Vorstellung. Sie war eine unglaublich sensible und gleichzeitig tiefgründige Frau und hing so an ihrem Ehemann, dass sie nur ein paar Monate nach ihm verstarb.
Diese zweifache Trauer wurde nur ein wenig gelindert, als wir 1993 als Hauptpartner zu *Tutto Fellini* beitrugen, einer großen Retrospektive, die in New York organisiert wurde. Eine unveröffentlichte Zeichnung von Fellini, die Teil der Ausstellung war, war die Inspiration für eine besondere Tasse, die einzige mit seiner Unterschrift. Der Regisseur hält eine Schnur, die sich um die Tasse windet und von der *Ginger und Fred*, die Protagonisten eines seiner berühmtesten Filme mit Marcello Mastroianni

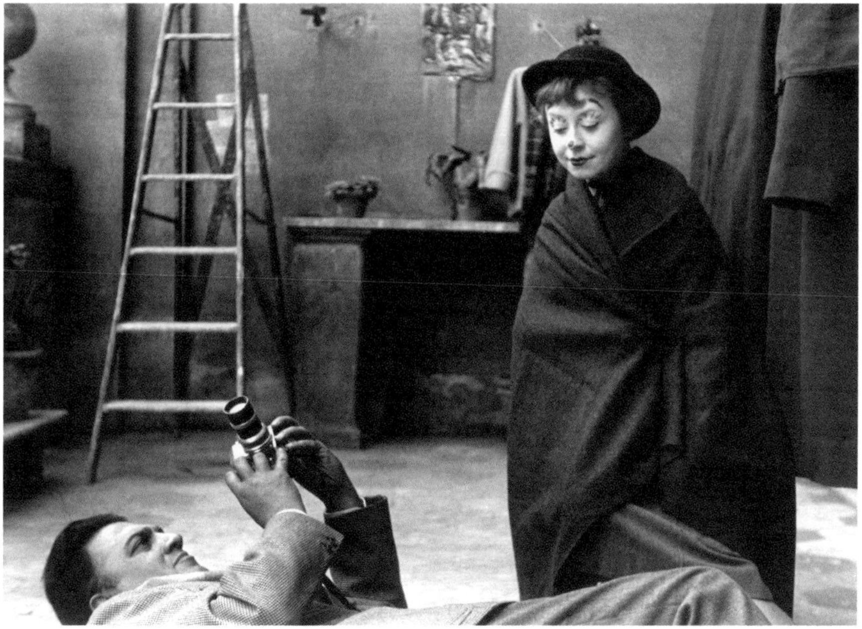

und Giulietta Masina, wie Marionetten herabhängen. Beim Betrachten der Tasse scheint es heute, als ob die Zeichnung und diese Verbindung ein Zeichen des Schicksals waren.

FELLINI, COPPOLA UND EIN ESPRESSO

Durch illy traf ich ein drittes Mal auf Fellini, als ich Francis Ford Coppola kennenlernte. Gegen Ende der Neunzigerjahre hatte ich das Glück, meinen Vater nach San Francisco begleiten zu können, um Coppola zu treffen. Das Treffen war von einem unternehmungslustigen amerikanischen Mitarbeiter von uns organisiert worden, der Coppola eines Tages einfach angerufen und ihn gefragt hatte, ob er uns kennenlernen wollte, nachdem er zufällig herausgefunden hatte, dass der Filmemacher eine Leidenschaft für unseren Kaffee empfand. Erstaunlicherweise sagte Coppola zu und lud uns in sein Haus ein.

Das Gespräch war von Anfang an freundlich, und die Tatsache, dass wir alle Italiener waren, beseitigte jegliche unangenehme Barriere bei dieser ersten Begegnung. Nach nur ein paar Augenblicken waren wir alle in seiner Küche und schraubten an seiner Kaffeemaschine. Als ich die Feineinstellung vornahm und mein Vater ihm von der Magie des Kaffees erzählte, begann Coppola, vom Charme italienischer Trattorien und unserem Brauchtum zu sprechen. Seine Begeisterung und seine ansteckende Freude offenbarten eine unglaubliche Liebe für Italien. Durch seinen Enthusiasmus sah ich mein Heimatland und seine Bewohner mit neuen Augen und ich erkannte wieder einmal, wie besonders die italienische Lebensweise war, auch wenn wir es oft selbst nicht wahrnahmen.

Coppolas Worte waren so bewegend, dass sie Filmszenen vor unseren Augen evozierten. Ich sah bekannte Bilder, denen ich nie viel Beachtung geschenkt hatte: die informelle Art, mit der Inhaber italienischer Trattorien ihre Kunden bedienen, die Anordnung der Tische, beliebte Lieder, die Esskultur und unsere romantische Seele. Alles bezauberte ihn und durch ihn übte es auch auf mich einen Zauber aus. Ich trat die Heimreise mit dem

klaren Gefühl an, dass ich einem Künstler mit absolut genialer Sensibilität begegnet war.
Jahre später, im Jahr 1999, drehten wir einen Werbespot in Italien. Das Ergebnis überzeugte mich nicht und mir fiel Coppola ein. Er sollte die Arbeit zu Ende bringen. Natürlich wollte er freie Hand. Er nahm unser Angebot an, stellte jedoch das Drehbuch auf den Kopf und schrieb eine neue Geschichte, die von einem italienischen Meisterwerk von Fellini, *Die bittere Liebe*, inspiriert war. Er beschloss, den Spot in Ostia zu drehen, und wollte mit Vittorio Storaro, Fellinis langjährigem Kameramann, zusammenarbeiten. Die Hauptrolle in dem Werbespot hatte Leopoldo Trieste, der nun in dem ursprünglichen Kinofilm und in unserer Werbeversion zu sehen ist.
Der Anfang der Produktion war schwierig, das Ergebnis jedoch ein Meisterwerk. Innerhalb nur weniger Sekunden erzählt der Werbespot eine komplexe, inspirierende Geschichte, ihr Höhepunkt spielt in einer Kaffeebar mit Kaffeebohnensäcken anstelle von Getränken und Keksen.

Der Werbespot war ein voller Erfolg und auch mir persönlich gefiel er sehr. Er brachte die Ingredienzien von Vergnügen, Schönheit und von Träumen in einer typisch italienischen, romantischen Geschichte zur Geltung. Wir sind traurig, wenn wir Valentina Cervis schönes, ernstes Gesicht sehen, die auf ihren Liebhaber wartet (der als Soldat an der Front dient) und nur ein halbes Foto in der Hand hält. Wir träumen mit ihr und werden in eine orientalische Szenerie versetzt, in der Valentina, in eine Odaliske verwandelt, von Massimo Ghini, dem Helden einer Fotogeschichte, in ein Kaffeehaus geschleppt und von ihm alleine an der Theke zurückgelassen wird, als seine Freundin auftaucht. Dann kommt das Happy End: Zusammen mit dem Kaffee erhält sie auch die andere Hälfte des Fotos, und wir sehen nun das lächelnde Gesicht ihres wahren Geliebten, der endlich heimgekommen ist. Am Ende sehen sich die beiden in die Augen, als sie gemeinsam Espresso trinken, und der Traum verschmilzt mit der Realität. Was hier vor unseren Augen stattfand, war die Weihe des Kaffees, der als Teil der Erzählstruktur zum Vermittler für das Wiedererlangen des Vertrauens auf die Zukunft geworden ist, einer Zukunft, die bis vor ein paar Augenblicken verloren geglaubt war.

DIE MANGELNDE NACHHALTIGKEIT DER GEGENWART

Wie uns Coppolas Werbespot sagt, muss man an die Zukunft glauben, um glücklich zu sein. Genau dieser Glaube fehlt uns wegen der langen, harten Wirtschaftskrise, die 2007 begonnen hat. Ich habe Gesprächsfetzen in Zügen, in Kaffeebars und auf der Straße gehört, von besorgten Menschen, die das Vertrauen in unser Wirtschaftssystem und ihre eigene Zukunft verloren haben. Wer kann es ihnen verdenken? Und wie können wir dieses Vertrauen zurückgewinnen, das unerlässlich für die erneute Ankurbelung der Wirtschaft ist?
Meiner Meinung nach warten in der Zukunft gute Nachrichten auf uns, doch wir müssen verstehen, dass die Formel, auf der die moderne Gesellschaft so lange aufgebaut war, nicht mehr funktioniert. Es gibt zwei Hauptprobleme. Während der letzten hundert Jahre wurde die Weltwirtschaft ausschließlich durch

Verbrennung angetrieben, die unglaubliche Mengen an Kohlenstoff verbrannt und sie in die Atmosphäre freigesetzt hat. Dieser Kohlenstoff war seit Millionen Jahren von Pflanzen eingekapselt gewesen und ermöglichte das Leben auf unserem Planeten, in nur einem Jahrhundert haben wir jedoch so viel davon freigesetzt, dass sich das Klima der Erde verändert. Das zweite Problem ist, dass wir auch eine noch nie dagewesene, demografische Explosion haben, die Probleme der Nachhaltigkeit verursacht hat und von ungleicher Vermögensverteilung und offensichtlicher sozialer Ungleichheit begleitet ist.

Wenn wir weiterhin in diesem Tempo wachsen, wird die Zukunft unseres Planeten besiegelt sein. Als Bestätigung dafür müssen wir nur China ansehen. Ich reise schon seit langer Zeit regelmäßig in dieses großartige, jedoch überbevölkerte Land und habe gesehen, wie radikal es sich verändert hat. Anfangs spazierte ich gerne durch Peking. Die Straßen waren chaotisch, doch sie dufteten nach Essen und Blumen. Der Himmel war indigofarben, manchmal sogar babyblau. Die Bäume waren voller Vögel. Es war eine Märchenwelt. Auch Hongkong gefiel mir. Es war bereits damals ein wichtiges Wirtschaftszentrum, der städtische Wahnsinn verblasste jedoch vor den sich im Meer spiegelnden Wolkenkratzern. Diese Städte befanden sich damals immer noch im Gleichgewicht mit der Natur.

Jahr für Jahr veränderte sich diese Landschaft, als sich China in eine moderne Nation mit hochmoderner Technik verwandelte. Nun wächst für alle sichtbar ein brauner Streifen außerhalb von Shanghai ins Meer hinaus und in Peking kann man den Himmel nicht mehr sehen. Die Großindustrie im Bezirk Shenzhen hat die Stadt mit Geräten überflutet, doch der Himmel ist mit dichten, grauen und bedrohlichen Wolken bedeckt. Die Luft ist schmutzig und ungesund geworden. Wollen wir uns wirklich dorthin entwickeln?

DIE ROSAROTE BRILLE DES GLÜCKS

Bisher waren die Nachrichten schlecht. Manche sagen, dass das eine realistische Weise sei, die Welt so zu betrachten, wie sie ist. Meiner Meinung nach ist es so, als ob man die Welt durch ver-

DIE GAIA-HYPOTHESE, DER LEBENDE PLANET

Der englische Wissenschaftler James Lovelock war der Erste, der die Gaia-Hypothese 1979 in seinem Buch *Gaia. A New Look at Life on Earth* formuliert hat. Lovelock hat dem Planeten, auf dem wir leben, den Namen Gaia gegeben – er stammt von der gleichnamigen griechischen Göttin Gaia – und stellt ihn sich als selbstregulierendes Lebewesen vor.

Die Theorie beruht auf der Annahme, dass die geophysikalischen Komponenten des Planeten (die Atmosphäre, die Ozeane, die Erdkruste etc.) mit den Bewohnern des Planeten interagieren, um einen einzigen Superorganismus zu bilden. Die zeitgleichen Handlungen all dieser Faktoren halten den Planeten im Gleichgewicht und erhalten die notwendigen Voraussetzungen für die Anwesenheit von Lebensformen. All dies passierte ohne ein vorher bestimm-

tes Ziel oder eine besondere Aufgabe, sondern eher auf der Basis eines evolutionären Mechanismus, der jeden Teil des Planeten miteinbezieht.
Laut Lovelock entwickelte sich das Leben auf der Erde nicht, weil geeignete Bedingungen dafür vorhanden waren, vielmehr entwickelten sich beide nebeneinander. Der Autor legte später den Fokus auf die Fähigkeit des Menschen, seinen Lebensraum zu zerstören. Laut Lovelock reagiert Gaia auf die Veränderungen, die durch die Handlungen von Menschen verursacht werden, doch die Reaktionszeiten sind extrem lang. Daher lässt uns die Untätigkeit des Systems nicht rechtzeitig sehen, welche Schäden wir anrichten, und infolgedessen könnte sich die Umweltsituation irreparabel verschlechtern, bevor wir es bemerken und sie wiedergutmachen können.

rauchte, graue Brillen betrachtete. Als meine Töchter noch klein waren, erzählte ich ihnen, dass ich eine magische Brille hätte, eine Glücksbrille. Diese Brille hatte rosarote Gläser und ich verwendete sie zum Skifahren. Sie tauchte die Landschaft in ein ganz besonderes Licht und färbte den Schnee und die schneebedeckten Bäume rosa. Gelegentlich erblickte ich in Momenten, in denen ich es nicht erwartet hatte, fröhliche, optimistisch stimmende Farben. Meine Töchter lachten immer, wenn sie meine Brille aufsetzten, sie versetzt mich auch heute noch augenblicklich in gute Laune. Es handelt sich hier zweifelsohne um meine Lieblingsbrille, und wenn ich an die Zukunft denke, stelle ich mir immer vor, dass ich sie aufhabe.

In Wahrheit muss man nur die Gläser wechseln, um zu erkennen, dass es neben all den schlechten Nachrichten auch gute gibt. Ein neues Entwicklungsmodell ist möglich, und es steht direkt vor unserer Haustür. Durch Technik und die neuesten wissenschaftlichen Fortschritte haben wir Zugriff auf die notwendigen Kenntnisse und Technologien. Ein Beispiel dafür ist die Energieherstellung aus erneuerbaren Quellen. Energie ist ein zentrales Thema für die Zukunft unseres Planeten, da die massive Verwendung fossiler Brennstoffe nicht mehr mit dem Überleben der Erde vereinbar ist.

Dank der Solarenergie wird saubere Energie von erneuerbaren Quellen in ein paar Jahren weniger kosten als das, was heute über das Stromnetz bezogen und aus fossilen Brennstoffen hergestellt wird. Diese Revolution wird gleichwertig mit der des Internets sein und die Veränderung des Gleichgewichts der Erde rasant ermöglichen. Dank der Solarenergie werden Gebiete, die heute zu arm sind, weil sie zu viel Sonne haben (wie Afrika), reiche Energieerzeuger werden und durch den Verkauf dieser Energie wirtschaftlich enorm profitieren. Manche Länder werden aus der Armut aufsteigen, und dies wird auch das Problem der demografischen Entwicklung lösen, da umfassend dokumentiert ist, dass diese einem inversen Trend hinsichtlich der Wirtschaft folgt: je höher das Familieneinkommen, desto niedriger die Geburtenrate. Durch die Entwicklung der Solarenergie werden wir die globale Erwärmung mildern, Afrika reicher machen und das Wachstum der Weltbevölkerung verlangsamen. Es gibt wirklich Grund, optimistisch zu sein. Wir haben den Weg bereits eingeschlagen, und er wird uns in eine neue, bessere Welt führen, die fairer und nachhaltiger ist.

SINGULARITÄT

Was ist also die Rolle der Technik in der Entwicklung? Das Thema fasziniert mich, und um mehr darüber zu erfahren, habe ich mich ins Zentrum von Silicon Valley, Mountain View, begeben, wo der Großteil der fortschrittlichsten technologischen Forschung stattfindet. Dort werden exponentielle Technologien entdeckt. Ihre Entwicklung beruht auf dem Moore'schen Gesetz, das besagt, dass das Verhältnis zwischen der Leistung und dem Preis von Computern alle achtzehn Monate halbiert wird. Daher werden sich diese Technologien in kurzer Zeit auf eine Art und Weise entwickeln, die man sich heute nicht einmal vorstellen kann. Manche sehen dieser exponentiellen Entwicklung mit Besorgnis entgegen, doch ich glaube, dass sie die große Hoffnung der Zukunft ist. Die Möglichkeiten sind schier unendlich. Es steht eine wahre Revolution bevor, die vieles von dem, was wir heute wissen, einmotten wird.

In der Ära der Singularität, die der Futurist Ray Kurzweil vorhergesehen hat, wird künstliche Intelligenz bis zum Jahr 2045 die menschliche Intelligenz überholt haben, und die Kapazität jeder Technologie, Wohlbefinden zu erzeugen, wird verbessert werden. Von Biotechnologie zu Solarenergie, von Genomik zu Robotik – unser Alltagsleben wird revolutioniert werden. Zum Beispiel werden wir durch 3D-Drucker bald alles, was wir wollen, selbst herstellen können, indem wir es einfach ausdrucken. Es wird keine Geschäfte mehr geben. Die gesamte Produktionskette mancher Bereiche wird enden und die Industrie wird in einer völlig neuen und unvorhersehbaren Form wiedergeboren werden. Technische Geräte werden miteinander verbunden sein. Der Kühlschrank wird mit dem Computer kommunizieren, die Espressomaschine mit dem Mobiltelefon. Diese Technologie verspricht, uns mit der verwundeten Natur in Einklang zu bringen. Wir müssen nur zuhören und wie immer versuchen, zu verstehen.

DIE KOMPLEXITÄTS-THEORIE

Die Komplexitätstheorie untersucht nichtlineare Systeme oder, genauer gesagt, Systeme, die sich nicht in eine Reihe unabhängiger Teilprobleme zerlegen lassen, da alle Komponenten miteinander interagieren. Eigenschaften können in einem nichtlinearen System weder addiert noch subtrahiert werden. Das Ganze ist etwas anderes als die Summe seiner Teile und bringt daher unvorhersehbare Ergebnisse hervor, die als emergentes Verhalten bezeichnet werden. Die Form und das Verhalten einer Menschenmasse, eines Vogelschwarms oder einer Ameisenkolonie sind Beispiele für emergentes Verhalten. Dieses Verhalten ist nicht von einem einzelnen Ereignis oder einer Regel abhängig und entsteht nur, wenn alle Komponenten miteinander interagieren (ihre Koexistenz allein löst das Phänomen nicht aus).

Innerhalb komplexer Systeme können auch anfänglich winzige Veränderungen überwältigende Auswirkungen haben. Das ist als Schmetterlingseffekt bekannt, seine Definition ist möglicherweise von Ray Bradburys Kurzgeschichte *Ferner Donner* inspiriert, in der Menschen in einer Zeitmaschine zurück in prähistorische Zeiten versetzt werden. Ein Tourist tritt auf einen Schmetterling und verändert dadurch den gesamten Verlauf der menschlichen Geschichte. Edward Lorenz lieferte die endgültige Formulierung des Schmetterlingseffekts (die Abhängigkeit eines Systems von seinen Ausgangsbedingungen) und stellte sie 1963 der New York Academy of Sciences vor. Doch das Konzept war bereits 1950 von Alan Turing erwähnt worden, als er schrieb, dass »die Verschiebung eines einzelnen Elektrons um ein Milliardstel eines Zentimeters in einem bestimmten Augenblick möglicherweise darüber entscheidet, ob jemand ein Jahr später in einer Lawine verstirbt oder doch entkommt«.

KOMPLEXITÄT

Wenn viele Variablen ins Spiel kommen, erfordert das Vorhersagen der Verhaltensweise eines Systems einen neuen Ansatz, der durch die Komplexitätstheorie vermittelt wird. Mich hat diese Theorie schon immer fasziniert, und es war ein Glückstreffer, als ich den Ökonomen und Vertreter der Theorie, Ian Goldin, bei einer Veranstaltung der Bertelsmann Stiftung in Salzburg kennenlernte. Goldin ist sehr ungewöhnlich. Als Nelson Mandelas ehemaliger Berater und Leiter der Entwicklungspolitik der Weltbank wurde er nach England bestellt, um Direktor der Oxford Martin School zu werden, eines wissenschaftlichen Zentrums, das mit dem Ziel gegründet worden ist, die wichtigsten und dringendsten Probleme zu lösen, um eine inklusive und nachhaltige Zukunft zu schaffen. Im Grunde ist es eine Schule, die zukünftige Geschäftsführer und Strategen ausbildet. Bei der Veranstaltung in Salzburg hielt jeder von uns eine Rede. Ich hörte Goldin genau zu, denn auch wenn ich ihn noch nie persönlich getroffen hatte, wusste ich um seinen Ruf, und es war mir

klar, dass ich von Menschen wie ihm etwas lernen konnte. Dann war ich dran, und als ich meine Rede gehalten hatte, näherte sich mir Goldin neugierig. Er sprach mit mir, ganz so, als ob ich ein Marsmensch wäre, er studierte mich regelrecht. Wir waren beide gewissermaßen von einem intellektuellen Blitz getroffen. An diesem Punkt in meinem Leben, etwa in der Mitte meiner Karriere, verspürte ich ein starkes Verlangen, mein Wissen zu erweitern und im professionellen Sinne zu wachsen und mich zu verbessern. Ich suchte nach einem Weg, mich einer neuen Sicht der Welt zu öffnen, doch ich konnte mich nicht entscheiden, welcher Weg der beste und nützlichste für meine Arbeit war. Kaffee ist ein Geschäft, das mit tausend verschiedenen Themen zu tun hat, und es zu navigieren bedeutet, unzählige Variablen zu berücksichtigen, von Meteorologie bis zu globalen Kursentwicklungen, von Politik bis zur globalen Erwärmung, von agronomischen Verfahren bis zum weltweiten Vertrieb von Handelswaren und viel mehr. Ich erklärte Goldin mein Problem und fragte ihn um Rat. Er hatte keine Zweifel: Ich sollte die Komplexitätstheorie studieren. Da es keine spezifischen Kurse dazu gab, wurde ich sechs Monate lang von einem Tutor begleitet.
Mein Vater war Jahre zuvor auch von Komplexität fasziniert gewesen. Die Theorie befand sich erst in der Anfangsphase, dennoch war er davon begeistert gewesen. Er war fasziniert von der Vorstellung gewesen, dass eine enorme Anzahl von Variablen im Verhältnis zueinander so verschiedene und völlig originelle – verglichen mit der bloßen Summe ihrer Teile – Ergebnisse liefern konnte. Das faszinierte mich natürlich auch. Daher hatte ich wieder einmal den Eindruck, durch das Studium dieser Theorie ganz unbeabsichtigt ein Familienprojekt zu vollenden.
Ich verliebte mich bald in die Komplexitätstheorie. Ich liebe sie noch immer, und sie hat mein Denken dauerhaft verändert. Sie ist eine eigenständige Wissenschaft: Sie ist Mathematik, Physik, Biologie und Informatik und berücksichtigt Ökonomie, Soziologie, Meteorologie, das Finanzwesen, das Verkehrswesen und Marketing. Sie arbeitet jedoch auch mit einem bereichsübergreifenden Ansatz, den wir nicht gewohnt sind. Es fällt uns schwer, mit einer großen Anzahl von Variablen fertigzuwerden und sie zueinander in Beziehung zu setzen, da das menschliche Gehirn auf der Basis linearer Prozesse denkt und in der Regel nicht mehr als fünf Variablen auf einmal berücksichtigen kann. Studien haben gezeigt, dass manche Menschen eine größere Anzahl

von Faktoren berücksichtigen können, jedoch immer eine geringere Anzahl als die Variablen, die in der Dynamik, die unser Alltagsleben und unsere Zukunft regelt und beeinflusst, ins Spiel kommen.
Daher brauchen wir kollektive Intelligenz, um bessere Problemlösungsfähigkeiten zu entwickeln (und dadurch gemeinsam an Neuerungen zu arbeiten). Das ist nichts Ungewöhnliches. Wenn man darüber nachdenkt, funktioniert die Welt bereits auf diese Weise. Um einen Bleistift, ein sehr einfaches Objekt, herzustellen, benötigen wir die Zusammenarbeit verschiedener Kompetenzen. Mittlerweile sind unsere Handlungen komplett miteinander vernetzt. Jeder muss dazu beitragen, dass das Wirtschaftssystem funktioniert. Das meinte Voltaire, als er riet: »Wir müssen unseren Garten pflegen.« Wir alle müssen unseren Beitrag zum Bau an einer besseren Welt leisten und von unseren individuellen Fähigkeiten Gebrauch machen. Denn wenn wir Verantwortlichkeit und Solidarität (die laut dem Philosophen Edgar Morin die zwei Quellen der Ethik sind) aus den Augen verlieren, resultieren ein unmoralischer Zustand und eine unethische Entwicklung daraus. Damit jeder von uns einen eigenen unerlässlichen Teil zur Entwicklung beitragen kann, brauchen wir eine Methode, die meiner Meinung nach als Konzept der *Coopetition* gut umrissen ist. In dieser stetigen Abwechslung von Konkurrenz und Kooperation arbeiten Menschen für gemeinsame Ziele zusammen und konkurrieren auch um persönliche Ziele. Wenn man darüber nachdenkt, beruht unser Streben nach Glück gerade auf diesem Gleichgewicht zwischen Egoismus und Altruismus.

EGOISTISCHER ALTRUISMUS

Wenn wir im Laufe unseres Lebens mit besonders wichtigen Entscheidungen konfrontiert sind, fragen wir uns oft: »Soll ich altruistisch oder egoistisch entscheiden?« Welche Entscheidung ist die effizienteste im Sinne von Ergebnissen? Es ist schwer zu entscheiden, wie viel man dem einem oder dem anderen Verhalten beimisst. Unter den gegebenen Umständen versuchen gewissermaßen zwei bewaffnete und gegnerische Armeen, mich jeweils auf ihre Seite zu holen. Doch in Wirklichkeit ist die Frage nicht richtig formuliert, besonders für langfristige Entscheidungen. Lange bevor die Existenz von Spiegelneuronen entdeckt worden ist, hat der Ökonom Adam Smith bereits angenommen, dass Menschen einen altruistischen Mechanismus haben, durch den sie Glück mit anderen teilen wollen. Heute haben wir Beweise, dass dieser Mechanismus wirklich existiert. Wenn wir jemanden beobachten, können wir seine Emotionen verinnerlichen und daran teilhaben. Diese Fähigkeit kam wahrscheinlich während der Entwicklung des altruistischen Verhaltens ins Spiel, und es ist einfach zu erkennen, woher sie kam. Wenn wir glücklicher werden, wenn wir andere glücklich machen, kann Altruismus auch als egoistisches Verhalten interpretiert werden. Daher müssen auch die, die wahre Egoisten sein wollen, lernen, altruistisch zu sein.

In einer Art Binärschreibweise des menschlichen Charakters, in der die mathematischen Symbole 0 und 1 durch »schlecht« (B) und »gut« (G) ersetzt werden, formulierte Carlo M. Cipolla vier prototypische menschliche Typen: intelligente Menschen, Banditen, dumme Menschen und hilflose Menschen. Laut Cipolla sind die, die sich selbst und anderen Unrecht zufügen, dumme Menschen (BB). Die, die sich selbst Unrecht, aber anderen Gutes tun, sind hilflose Menschen (BG). Die, die sich selbst Gutes tun und anderen Unrecht tun, sind Banditen (GB). Nur die, die sich selbst und anderen Gutes tun, sind intelligente Menschen (GG).

Die positive Volkswirtschaftslehre, die ein gerechtes und faireres Wirtschaftssystem anstrebt, das den Menschen und dem Planeten gegenüber respektvoll ist, bezieht sich auch auf die Tatsache, dass Altruismus vorteilhaft ist. Eines Tages lud mich Jacques Attali, ein ehemaliger Wirtschaftsberater von Mitterrand und Sarkozy und der Gründer von Planet Finance, nach Le Havre ein, um an seinem LHForum teilzunehmen. Wenngleich ich auch nicht darüber informiert war, als ich die Einladung annahm, ging es darum, die Grundgedanken für das Konzept der positiven Volkswirtschaft zu definieren und eine Arbeitsgruppe, der ich auch beitrat, zu bilden, die diese Ideen diskutieren und dann dem französischen Präsidenten Hollande vorschlagen sollte.

In Le Havre konzentrierte ich mich in meiner Rede auf die Weise, auf die Kaffee konkret dazu beitragen konnte, die Welt durch Qualität zu verbessern. Attali veranschaulichte, wie der

POSITIVE VOLKSWIRTSCHAFTSLEHRE

Vision, Zusammenarbeit, Teilen, Großzügigkeit, Kollektivität und Nachhaltigkeit: Dies sind einige Stichworte der positiven Volkswirtschaftslehre. Diese neue Wirtschaftstheorie verschiebt den Schwerpunkt vom Kurzfristigen aufs Langfristige, von den Interessen weniger auf die Interessen aller. So erweitert sie den eigenen Interessensbereich vom Speziellen zum Globalen und schafft eine Vision, die auf die Großzügigkeit gegenüber zukünftigen Generationen als Antrieb zählt, der viel stärker ist als Egoismus, der stattdessen als wesentlicher Teil der Marktwirtschaft gesehen wird. In der positiven Volkswirtschaft ist heute auch morgen. Die gegenwärtigen Generationen erbauen das Wohlbefinden der zukünftigen Generationen, und die beiden sind stark voneinander abhängig, da große Wirtschaftsbereiche von unseren Nachfahren abhängen werden. In einem Unternehmen, das auf positiver Volkswirtschaft gegründet ist, ist das Wohlbefinden der Aktionäre, Geschäftsführer und der Angestellten nicht der einzige Daseinszweck. Vielmehr bietet das Unternehmen Dienste an, die für heutige und zukünftige Kollektive nützlich sind. Es wird zu einem Verbündeten und Partner im Schaffen eines ökologischen und sozialen Umfelds, das qualitativ hochwertig und nachhaltig ist.

Index für die positive Volkswirtschaftslehre funktionierte. Dieser Indikator beurteilt den wirtschaftlichen Fortschritt in diversen Ländern durch die Verwendung neuer Parameter, in erster Linie der Fähigkeit, auf lange Sicht zu handeln und zu entscheiden. Ich war höchst interessiert. Lächelnd, ironisch und sehr scharfsinnig erklärte Attali, dass das BIP nur einer der nützlichen Indikatoren sei und dass er mit einer Beurteilung sozialer, ökologischer und infrastruktureller Parameter kombiniert werden müsse, die genauso wichtig seien. Er zählte insgesamt 29 Parameter auf, die Italien damals leider nur auf den 32. Platz in der Klassifikation der OECD-Länder stellten, lediglich vor die Türkei und Griechenland. Die ersten drei Plätze waren von Schweden, Norwegen und Dänemark belegt.
Damals fragte ich mich, wie es möglich sei, dass Italien – der Ausdruck einer Kultur und Lebensweise mit einem weltweiten Gefolge – nicht in der Lage sein sollte, eine positive Wirtschaft zu entwickeln. Ich schlug vor, durch die Ernesto-Illy-Stiftung unseren Beitrag zu leisten, und arbeitete mit Letizia Moratti zusammen, um den Positive Economy Club in Italien zu gründen, dessen erstes Forum 2014 in San Patrignano abgehalten wurde. Der Club machte sich sofort an die Arbeit. Er identifizierte zehn grundlegende Punkte und leitete sie an die italienische Regierung weiter. Einer davon ist besonders interessant, und zwar die Entwicklung eines Systems von Sozialkrediten, die Krediten für grüne Energie ähnlich sind, die Unternehmen gewährt werden sollen, um positives Verhalten zu fördern. Die Innovation ist, dass die Sozialkredite auch mit einem System von Rückerstattungen für langfristige Investitionen und Geschäftspolitik verbunden sind. So kann man das Bewusstsein erhöhen, dass das Wohlbefinden mancher das Wohlbefinden aller ist und dass Altruismus und Egoismus verlässliche Verbündete in den Entscheidungen, die wir treffen, sind und zunehmend werden müssen.

DAS MASS DES GLÜCKS

Ich denke oft über eine berühmte Rede von Robert F. Kennedy nach. Der damalige Präsidentschaftskandidat der Vereinigten Staaten hielt 1968 an der University of Kansas eine Rede und

GLÜCKLICH … VON RECHTS WEGEN

4. Juli 1776
Vereinigte Staaten
Die Unabhängigkeitserklärung. Dieses Dokument, welches von Benjamin Franklin verfasst worden ist, besagt, dass »alle Menschen […] mit gewissen unveräußerlichen Rechten begabt worden sind, worunter Leben, Freiheit und das Streben nach Glückseligkeit sind«.

26. August 1789
Frankreich
Die Erklärung der Menschen- und Bürgerrechte. Unter den »unveräußerlichen und heiligen Menschenrechten« erwähnt die Präambel das »Glück aller«.

24. Juni 1793
Frankreich
Französische Verfassung, verkündet durch den Nationalkonvent. Artikel 1 beginnt mit den folgenden Worten: »Das Ziel der Gesellschaft ist das allgemeine Glück.«

2. September 1945
Vietnam
Eine demokratische Verfassung wurde verkündet, die anhand von Artikel 3 »nationale Unabhängigkeit, Freiheit und Glück« garantiert. Die Verfassung von 1992, die am 25. November 2001 korrigiert worden ist, bestätigt, dass der Staat für »Wohlbefinden, Freiheit und Glück aller Bürger« sorgt. Die neue Verfassung von 2014 enthält das Recht auf ein »erfülltes, freies und glückliches Leben«.

3. November 1946
Japan
Verfassung. Artikel 13 erwähnt mit diesen Worten explizit das Recht auf Glück: »Alle Menschen sind als Einzelpersonen zu respektieren. Ihrem Recht auf Leben, Freiheit und das Streben nach Glückseligkeit soll die höchste Beachtung in der Gesetzgebung und anderen Regierungsgeschäften zukommen, solange es nicht das Gemeinwohl beeinträchtigt.«

17. Juli 1948
Südkorea
Verfassung. Artikel 10 lautet: »Alle Bürger [...] haben das Recht, nach Glück zu streben.«

10. November 2010
Brasilien
Der ehemalige Bildungsminister der Regierung Lula, Cristovam Buarque, schlug vor, das Recht, nach Glück zu streben, zu den Rechten gemäß Artikel 6 der Verfassung hinzuzufügen. Der Vorschlag wurde angenommen.

28. Juni 2012
Vereinte Nationen
In Brüssel versicherte der Generalsekretär der Vereinten Nationen, Ban Ki-moon, dass »Mitgefühl Glück fördert«. Die Generalversammlung der Vereinten Nationen erklärte den 20. März zum Weltglückstag.

ließ die Köpfe und Herzen hunderter Studenten erglühen. Kennedy sprach über das amerikanische Bruttoinlandsprodukt und verurteilte es vor fast einem halben Jahrhundert als ungeeignetes Mittel, um das Wohlbefinden der Bürger zu messen. Ich war zum Zeitpunkt dieser Rede erst vier Jahre alt, doch sie hinterließ einen bleibenden Eindruck, da meine Familie oft darüber sprach. Seine Worte sind auch heute noch so bewegend und einleuchtend, wie sie damals waren. »Unser Bruttoinlandsprodukt beträgt nun über achthundert Milliarden Dollar im Jahr, doch dieses Bruttoinlandsprodukt [...] steht für Luftverschmutzung und Zigarettenwerbung und Krankenwagen, um das Blutbad auf unseren Highways wegzuräumen. Es steht für besondere Schlösser an unseren Türen und Gefängnisse für die, die sie aufbrechen. [...] Es steht für Napalm und Nuklearsprengköpfe sowie Panzerwagen für die Polizei, um die Aufstände in unseren Städten zu bekämpfen. [...] Doch das Bruttoinlandsprodukt steht nicht für die Gesundheit unserer Kinder, die Qualität ihrer Bildung oder ihre Freude am Spiel. Es erfasst weder die Schönheit unserer Dichtkunst noch die Stärke unserer Ehen, die Intelligenz unserer öffentlichen Debatte oder die Integrität unserer Amtsträger. Es misst weder unsere Intelligenz noch unseren Mut, weder unsere Weisheit noch unser Lernen, weder unser Mitgefühl noch unsere Treue zu unserem Land. Kurz gesagt, misst es alles, außer das, was das Leben lebenswert macht. Und es kann uns alles über Amerika sagen, außer das, was uns stolz darauf macht, Amerikaner zu sein.«
Seitdem hat die Debatte über den nützlichsten Indikator, um das Wohlbefinden eines Landes zu messen, nie aufgehört. Im Laufe der Zeit wurden Dutzende Vorschläge gemacht, doch nur einige wenige haben sich auch nur ein bisschen verbreitet und wurden auf internationaler Ebene geteilt. Auf alle Fälle hat es keiner davon geschafft, ein Ansehen wie das Bruttoinlandsprodukt zu erreichen. Das BIP berechnet den Wert der Waren und Dienstleistungen eines Landes in einem Jahr. Wir wissen alle, dass das BIP wichtig ist. Wir werden jeden Tag von Fernsehnachrichten bombardiert, die uns über den Anstieg und Rückgang dieses »neuen Gottes« informieren, den wir benutzen, um die wahrscheinliche zukünftige Befriedigung unserer Verbraucherbedürfnisse zu messen.

Doch kann ein numerischer Indikator, der nur Geld berücksichtigt, auch wissen, wie glücklich wir sind? Ich glaube nicht, und das muss unser Ausgangspunkt sein. Ich glaube – und die zahlreichen

Wirtschaftsströme, die diese These unterstützen, bestätigen es –, dass es das wahre Ziel der Wirtschaft ist, Glück herzustellen: ein Bruttonational*glück*, nicht -produkt. Ein BNG. Doch wie können wir es messen? Der Erste, der es versucht hat, war der König von Bhutan, Jigme Singye Wangchuck, der 1970 das Bruttonationalglück der Bewohner seines Landes messen ließ, indem er neun wichtige Indikatoren untersuchte: Umweltverträglichkeit, seelisches Wohlbefinden, Gesundheit, Bildung, Zeitverwendung, kulturelle Vielfalt und Resilienz, verantwortungsbewusste Regierungsführung, ökologische Vielfalt und Vitalität des Gemeinwesens. Es sollte vermerkt werden, dass Bhutan, ein sehr armes Land, in Asien bezüglich des BNG an erster Stelle steht. Die Einwohner sind gebildet und sozial und daher glücklich.

DAS DRITTE PARADIES

Was mir immer an den Orten, an denen der beste Kaffee hergestellt wird, aufgefallen ist, ist der spürbare Einklang zwischen Mensch und Natur. Man verspürt ein unglaubliches Gefühl von Harmonie, wenn man durch eine Plantage spaziert, mit denen, die dort arbeiten, Zeit verbringt, die feuchte Luft einatmet, die so typisch für diese Orte ist, und diese wahrhaftigen natürlichen Paradiese bewundert. Dieses Gefühl von Wohlbefinden und Gleichgewicht ist in unserem Teil der Welt verloren gegangen, doch heutzutage träumen gewöhnliche Menschen, Intellektuelle, Ökonomen und Künstler alle davon, es wiederzufinden.

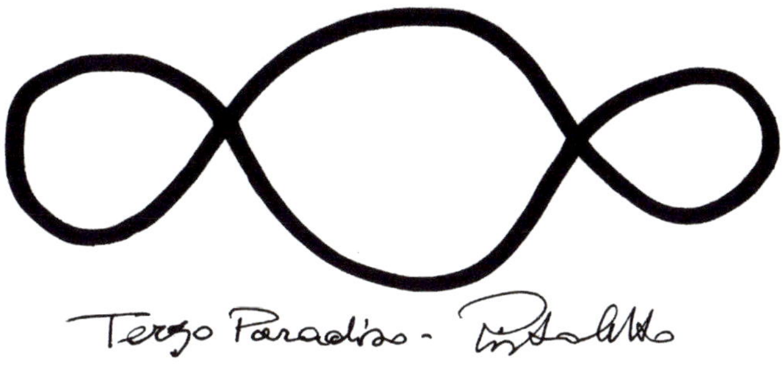

BIP ODER BNG?

Kann man messen, wie glücklich die Bewohner eines Landes sind? Wenn ja, ist es ein gültiger Index, um das Wohlbefinden einer gesamten Nation zu messen?

Der Index des Bruttonationalglücks (BNG) wird oft als Alternative zum BIP angeführt. Er wurde zum ersten Mal vom König von Bhutan, Jigme Singye Wangchuck, vorgeschlagen, um das Wohlbefinden der Bewohner seines Königreichs zu messen. Das BNG sieht die wirtschaftliche Entwicklung nicht als Ziel an sich, sondern als eines von vielen Mitteln, »nationales Glück« zu erreichen. Daher wurde kollektives Glück durch das BNG zu einem Leitkriterium für politische Entscheidungen. Das BNG wurde in den frühen 1980er-Jahren vorgeschlagen und wird aufgrund eines Mangels an quantitativen Kriterien, die es eindeutig messbar machen würden, noch nicht als richtiger Indikator gesehen, sondern eher als Richtlinie.

DAS RECHT AUF GLÜCK

Ab dem 18. Jahrhundert erwähnte die juridisch-philosophische Denkweise häufig Glück als Recht. Italien war an erster Stelle, als es dazu kam, diesen Grundsatz zu definieren.
Es ist weitgehend unbekannt, doch manche der Versicherungen in der amerikanischen Unabhängigkeitserklärung wurden vom neapolitanischen Juristen Gaetano Filangieri (1753–1788) vorgeschlagen. Er war der Erste, der das Recht auf Glück thematisierte. Benjamin Franklin war mit der Formulierung mancher Rechte in der entstehenden Verfassung unzufrieden und zeigte Filangieri den Text, der unter anderem vorschlug, das Recht auf Glück hinzuzufügen.
Auch die ersten öffentlichen Erklärungen zum Recht auf Glück stammen aus Italien. Diese sind auf Korsika und in der Toskana zu finden. Auf Korsika bewilligten die von Pasquale Paoli (1725–1788) angeführten Revolutionäre, die für die Unabhängigkeit von der Republik Genua kämpften, ein verfassungsrechtliches Dokument, das zum ersten Mal das Ziel enthielt, »das Glück der Nation zu gewährleisten«. 1778 wurde Glück im Verfassungsprojekt des Großherzogs der Toskana erwähnt, in dem steht, dass »in einer ausgewogen zusammengesetzten Gesellschaft alle Mitglieder das gleiche Recht auf Glück haben«.

Unter ihnen befindet sich Michelangelo Pistoletto, ein Genie, Künstler und Freund, der eine starke visuelle Metapher geschaffen hat: das dritte Paradies. Zwei gegenüberliegende Kreise, Natur und Intelligenz, sind durch einen in der Mitte gelegenen, größeren Kreis verbunden. Laut Pistoletto können – und müssen – wir einen dritten Weg finden, der sich auf halbem Weg zwischen Natur, die das erste Paradies regiert, und menschlicher Intelligenz, die das zweite Paradies beherrscht, doch gleichzeitig den Planeten verschmutzt und ruiniert, befindet. Das dritte Paradies ist dieser Weg. Es ist ein globales Projekt der Wiedergeburt, ein neues Gleichgewicht zwischen Mensch und Umwelt für eine fairere und nachhaltigere Gesellschaft.
In den letzten Jahren wurde die Notwendigkeit, die Harmonie mit der Natur wiederherzustellen und mit der Erde Frieden zu schließen, von vielen Intellektuellen unterschiedlicher Herkunft angenommen. Vor ein paar Jahren sprach ich bei der Konferenz der Vereinten Nationen über nachhaltige Entwicklung in Rio de Janeiro (Rio +20) mit Carlo Petrini, dem Gründer von Slow Food, darüber. Eine Kaffeepause wurde zu einer Unterhaltung, die einige Stunden dauerte. Gespräche mit Carlo geben mir immer einen Denkanstoß. Ich kann mich noch an etwas erinnern, das er in seiner angenehmen und leicht prophetischen Art gesagt hat: »Alles kam von der Erde und alles muss zur Erde zurückkehren.« Ich bin ebenfalls davon überzeugt. Die menschliche Entwicklung, die auf dem Landwirtschaftssektor begonnen hat und dadurch gefördert worden ist, hat sich dann in Industrie, Dienstleistungen und schlussendlich bis hin zum Finanzwesen weiterentwickelt und sich im Laufe der Zeit in einen riesigen spekulativen Markt verwandelt. Heute muss ein Land einen hoch entwickelten Dienstleistungssektor haben, der mindestens siebzig Prozent seines Bruttoinlandsprodukts erbringt, um wettbewerbsfähig zu sein. Das bedeutet, dass Industrie und Landwirtschaft in der Wirtschaft, die immer mehr an das Finanzwesen gebunden wird, eine Nebenrolle spielen. Die Komplexität der Interaktion zwischen Industrie und Finanzwesen stellt manchmal unerwartete Beziehungen her, die unter bestimmten Aspekten nicht linear sind und potenziell dramatische Konsequenzen haben können.
Zum Beispiel wird die Vormachtstellung der Börsenkapitalisierung von institutionellen Investoren gesteuert, von denen die wichtigsten möglicherweise Pensionsfonds sind. Diese Fonds streben nach zunehmend höheren Renditen, um ihren Kunden

eine Kapitalisierung zu gewährleisten, die mit dem ständigen Anstieg der Lebenserwartung Schritt hält. Natürlich setzt dies die Unternehmen, die börsennotiert sind, unter Druck.
Laut Carlo Petrini (und ich stimme ihm zu) muss eine bessere Welt unbedingt von der Erde ausgehen, von einer saubereren Umwelt, die der Wissenschaft und Technik im Dienste der Umweltverträglichkeit und Lebensmittelproduktion den Vorrang einräumt. Wir fragen uns zunehmend, ob es in Zukunft genug zu essen für alle geben wird. Die Bevölkerung wächst, doch kultivierbarer Boden geht zurück. Wie werden wir dieses Problem bewältigen? Die Frage ist nicht richtig formuliert. Einerseits wissen wir, dass wir 35 Prozent der Nahrungsmittel, die weltweit produziert werden, verschwenden, und andererseits wird mehr Geld für Diäten zur Bekämpfung von Übergewicht ausgegeben als für Nahrungsmittel. Darüber hinaus können wir entgegen der landläufigen Meinung die Produktivität der Landwirtschaft verbessern und sogar die Anzahl der bebauten Hektare zugunsten der Wiederbewaldung reduzieren. Die notwendige Technik und Wissenschaft ist bereits vorhanden. Es geht nun darum, sie in ein globales System zu verwandeln und unsere Prioritäten und sogar unsere Methode, das Wohlbefinden von Bevölkerungen zu messen, zu verändern.

EUDAIMONIE IN KAFFEEBOHNEN

Glück ist zweifelsohne ein Geisteszustand und hat daher eine neurobiologische Grundlage. Doch wie sieht das Gehirn eines glücklichen Menschen aus? Ist es anders als das Gehirn anderer Menschen oder funktioniert es möglicherweise anders? Ist es überhaupt möglich, glücklicher zu werden? Es scheint so, wie die Geschichte des »glücklichsten Mannes der Welt«, des buddhistischen Mönchs französischer Herkunft Matthieu Ricard, beweist. Er hat den grundlegenden Zusammenhang zwischen Glück und Meditation bestätigt. Ich habe ihn zweimal getroffen und muss zugeben, dass ich immer fasziniert bin, wenn ich seine tiefgreifende Transformation sehe, während der er vom Ausdruck einer westlichen Kultur wie der von Frankreich in eine vollständige Immersion in den Buddhismus wechselt. Sein ganzes Sein strahlt

WIE GLÜCKLICH SIND WIR?

Im Laufe der Jahre haben zahlreiche öffentliche und private Personen alternative Indizes zum BIP vorgeschlagen, die nicht nur den wirtschaftlichen Wert einer Gesellschaft messen – und damit ihre Fähigkeit, Waren und Dienstleistungen zu produzieren – sondern auch das Wohlbefinden ihrer Einwohner. Hier sind einige Beispiele.

Better Life Index
Der Better Life Index wurde 2011 von der OECD vorgeschlagen und listet zwanzig sehr unterschiedliche Indikatoren auf, wie den Grad der Lebenszufriedenheit von Einzelpersonen und Luftverschmutzung.

Index of Sustainable Economic Welfare (ISEW)
Der Index wurde 1989 von zwei Forschern, Herman Daly und John B. Cobb vorgeschlagen. Er misst nachhaltiges wirtschaftliches Wohlergehen, indem er die Beziehung zwischen der Umwelt, der Wirtschaft und Sozialhilfe berücksichtigt. Er berücksichtigt auch frühere und gegenwärtige Auswirkungen wirtschaftlicher Tätigkeiten.

Genuine Progress Indicator (GPI)
Dieser Index wurde in den 90er-Jahren geschaffen. Seine Formel enthält etliche Variablen, die das Wohlergehen von Einzelpersonen beeinflussen können, wie Kriminalität, Arbeitslosigkeit und den Prozentsatz von Freizeit. Er schlägt eine Kosten-Nutzen-Analyse diverser wirtschaftlicher Tätigkeiten vor.

Human Development Index (HDI)
Dieser Index wurde 1990 von Amartya Sen ausgearbeitet und später von den Vereinten Nationen gefördert. Er misst menschliche Entwicklung im Sinne von Fortschritt im Hinblick auf individuelles und soziales Wohlergehen. Er hebt die Wichtigkeit der Ziele hervor (wie zum Beispiel den angemessenen Lebensstandard) und fördert die Mittel (wie das Pro-Kopf-Bruttonationaleinkommen). Neben dem Einkommen berücksichtigt der Index auch Lebenserwartung, Bildungsjahre und Lesefähigkeit.

Es gibt Dutzende andere Indizes, die weniger bekannt und verbreitet sind, wie der Global Sustainable Competitiveness Index, der Fondazione Eni Enrico Mattei Sustainability Index, der Global Peace Index, der National Knowledge Index und das Gross Domestic Knowledge Product.

DER GLÜCKLICHSTE MANN DER WELT

2009 erbrachten Forschungen der University of Wisconsin am Gehirn des französischen Genetikers und buddhistischen Mönchs Matthieu Ricard überraschende Ergebnisse. Nach langen Aufenthalten in Indien, Nepal und Tibet war Ricard zu einem Berater des Dalai Lamas geworden und hatte Dutzende Hilfsprojekte durchgeführt. Forscher legten 256 Sensoren an Ricards Kopf an, um zu untersuchen, wie sein Gehirn in einem Zustand der emphatischen Meditation funktionierte. Die Wissenschaftler des Labors für affektive Neurowissenschaft konnten dadurch feststellen, dass sein Gehirn einen hohen Grad an Gammawellen produzierte – die starken Zuständen geistiger Aktivität und der Lösung komplexer Probleme entsprechen – und dass seine linke Gehirnhälfte, die Seite der positiven Gedanken, mehr verwendet wurde. Normale Ergebnisse liegen im Allgemeinen zwischen +0,3 (Verzweiflung) und -0,3 (Glückseligkeit), doch im Fall von Ricard wurden unglaubliche -0,45 aufgezeichnet, das höchste Ergebnis, das je im Rahmen dieser Untersuchung erzielt wurde. Dank dieses Ergebnisses wurde er offiziell zum »glücklichsten Mann der Welt« erklärt. Heute ist Ricard der beste Beweis für die Vorteile der Meditation und für die Idee, dass Glück wissenschaftlich messbar ist und durch die Praktiken des Altruismus und des Teilens erlernt werden kann.

épanouissement, Erleuchtung, aus, ein Strahlen, das ich wirklich als deutlichste äußerliche Erscheinungsform des Glücks ansehe. Ricard ist der Meinung, dass Glück wenig mit Freude zu tun hat und dass sich die flüchtigen Momente des Hochgefühls mit bestimmten Erfahrungen überschneiden, wie der Moment, in dem ich mein gelbes Fahrrad bekommen habe. Glück ist laut Ricard ein Zustand des geistigen Gleichgewichts, in dem wir es in Richtung positiver und optimistischer Gedanken steuern können. Ricard hat seinen Weg durch buddhistische Meditation gefunden, doch ich glaube, dass jeder seinen eigenen Weg finden muss.

Wie Ricards Fall zeigt, kann Glück erreicht werden, und zwar nicht nur durch Vergnügen. Ganz im Gegenteil. Schließlich wussten bereits die Epikureer, dass Vergnügen nicht unbedingt eine Zutat für Glück ist und es zudem sorgfältig gemessen und ausgelesen werden muss. Laut der antiken Anhänger Epikurs, der häufig und fälschlicherweise mit Lust und dem Verderben der Sinne in Verbindung gebracht wird, sind alle vergänglichen und weniger spirituellen Vergnügen zu vermeiden. Um der Menschheit zu zeigen, wie man Vergnügen in den einfachsten Dingen findet, unterscheidet Epikur zwischen natürlichen und notwendigen Vergnügen, natürlichen, aber nicht notwendigen Vergnügen und nicht natürlichen und nicht notwendigen Vergnügen. Kaffee gehört zur Gruppe der natürlichen, aber nicht notwendigen Vergnügen (zehn Prozent der Weltbevölkerung leben ohne Koffein, und wir könnten auch darauf verzichten, wenn wir wollten), und daher müssen wir ihn laut Epikur in Maßen genießen. Wie die antiken griechischen Philosophen bereits wussten, führt körperliches Vergnügen allein nicht zu Glück. Es kann nur durch Moral, Ethik und Altruismus erreicht werden. Diese Erkenntnis hat uns dabei geholfen, die Werte von illy in Beziehung zu den praktischen Konsequenzen unserer wirtschaftlichen Maßnahmen zu setzen. Wir streben danach, zum positiven Kreislauf beizutragen, der zwischen dem Wohlbefinden, das Qualitätskaffee Kunden bietet, und den Entwicklungsmöglichkeiten, die er für Bauern schafft, gebildet werden kann.

SPIEGEL-NEURONEN

Spiegelneuronen sind die Neuronen der Empathie. Sie ermöglichen uns, die Absichten der Menschen um uns zu verstehen und an ihren Gefühlen teilzuhaben. Sie wurden 1995 von einem Team an der Universität Parma entdeckt, das von dem Neurowissenschaftler Giacomo Rizzolatti koordiniert wurde. Sie benutzten Elektroden, um zu verstehen, wie einzelne Nervenzellen in den Gehirnen von Affen aktiviert werden. Es scheint, als ob die Entdeckung zufällig gemacht wurde, als beobachtet wurde, dass bestimmte Neuronen eines Makaks reagierten, als ein Wissenschaftler eine Banane aufhob. Dies führte zur Lokalisierung von Spiegelneuronen in den parietalen und unteren frontalen Regionen des Affengehirns. Spätere Experimente zeigten, dass diese Neuronen auch in menschlichen Gehirnen vorhanden sind. Heute werden diese besonderen Neuronen als »verantwortlich« für die Aktivierung des Gehirns angesehen, wenn die Gefühle anderer Menschen wahrgenommen werden, und sie wurden folglich als die physiologische Basis der Entwicklung von kooperativem Verhalten identifiziert.

SPIEGELNEURONEN IN ÄTHIOPIEN

Um glücklich zu sein, müssen wir altruistisch sein. Aus psychologischer Sicht sind Spiegelneuronen eine wichtige Entdeckung, da sie uns ermöglichen, Empathie zu empfinden. Durch diesen zerebralen Mechanismus müssen die Menschen um uns glücklich sein, damit wir wirklich glücklich sein können. Wenn sie unglücklich wären, würde unsere Empathie bewirken, dass wir auch unglücklich wären, zumindest teilweise. Das haben wir unserer Neurobiologie zu verdanken. Es ist unmöglich, in einer unglücklichen Welt glücklich zu sein. Das Erarbeiten einer glücklicheren Welt ist daher auch ein Weg, uns selbst indirekt glücklich zu machen.
Auch hat die Erfahrung bewiesen, dass es unmöglich ist, wirklich glücklich zu sein, wenn die Menschen um uns nicht glücklich sind. In meinem Fall ist diese Beobachtung untrennbar mit Äthiopien und der Erfahrung, die wir mit illy dort hatten, verbunden. Dieses arme Land stellt den besten Kaffee der Welt her, wenn auch nur in ein paar Gebieten wie den Regionen Sidamo und Yirgacheffe im Süden Äthiopiens, wo eine der weltweit wertvollsten Arten der Sorte Arabica wächst.

Vor einiger Zeit richtete die Familie Legesse (unser lokaler Partner in Äthiopien) Kaffeewaschstationen ein, um qualitativ hochwertigen Kaffee herzustellen. Sie zeigte den Bauern, wie man sie verwendete, und erzielte bemerkenswerte Ergebnisse. Wir überlegten, das Projekt auf andere Regionen auszuweiten, wo natürlicher Kaffee produziert wird, indem er am Boden ausgebreitet wird, um in der Sonne zu trocknen (eine Technik, die mikrobiologische Verunreinigungen verursachen kann und die Qualität der Bohnen vermindert). Wir wollten zeigen, dass jede Region Äthiopiens besseren Kaffee herstellen und höhere Preise am Markt erzielen konnte. So entstand ein Projekt, das von illy inspiriert war und vom Gemeinsamen Fonds für Rohstoffe der Vereinten Nationen kofinanziert wurde. Das Projekt sollte effiziente agronomische Praktiken und die Produktion teilweise gewaschenen und teilweise natürlichen Kaffees einführen und hätte eine Revolution für Äthiopien sein können. Durch eine kleine Pedalpumpe wurde der Pulp der Kaffeekirschen mit weniger als einem Liter Wasser entfernt und dann auf Gestellen statt auf dem Boden getrocknet. So wurde Schimmel und Schmutz vermieden, die das Aroma verändern. Die Kosten dieser Gerätschaften betrugen weniger als 1500 Dollar und jede Waschstation hätte zwölf Familien Arbeit gegeben. Einige Mikrokooperativen wurden geschlossen, und der Kaffee, den sie produzierten, war noch besser als jener der berühmten Region Yirgacheffe. Als das Projekt jedoch die Entwicklungsphase erreichte, verhinderte die Bürokratie des Landes leider seine Fortführung. Jedenfalls sind die technischen Annahmen, auf denen das Projekt beruht, noch gültig. Möglicherweise können wir eines Tages wieder anfangen, wo wir aufgehört haben.

DIE ERSTE KAFFEE-REVOLUTION

Bis zu den 1970er-Jahren galt Kaffee sinnbildlich als die Ware des Kolonialismus und der Ausbeutung der Menschheit und der Umwelt. Neben der daraus resultierenden Abholzung war der Kaffeehandel auch stark mit wirtschaftlichen und sozialen Ungleichheiten verbunden, die in vielen Teilen der Welt existierten (und leider zum Teil noch existieren). Das dürfen wir nie vergessen.

DIE NEUROBIOLOGIE DES GLÜCKS

Aus neurobiologischer Sicht kann Glück nicht direkt mit Vergnügen assoziiert werden, dessen »Kreislauf« in den Fünfzigerjahren entdeckt und beschrieben wurde. Jedoch war schon Aristoteles überzeugt davon, dass Glück durch die Vereinigung von Vergnügen (Freude im hedonistischen Sinn) und Eudaimonie entsteht, die dem Vergnügen Bedeutung zuschreiben kann und die mit der Kunst, das Leben zu genießen, also dem Savoir-vivre, assoziiert werden kann. Auf dieselbe Weise generiert sich Hedonismus (zum Beispiel körperliches Vergnügen) aus neurophysiologischer Sicht aus objektiver sensorischer Stimulation, die in Zusammenhang mit dem Kreislauf des Vergnügens steht. Glück hingegen umfasst kognitive Aspekte sowie solche der Synthese und des Verständnisses, die diesen Kreislauf auch – aber nicht nur – umfassen können.

Glück ist daher ein sehr komplexes psychologisches Konstrukt, das wir bis heute wissenschaftlich nicht ganz erforschen können. Zum Beispiel ist bekannt, dass hedonistisches Vergnügen, das durch einen Reiz (unabhängig davon, wie intensiv er ist und in welchem Grad er den Kreislauf aktiviert) ausgelöst wird, nicht direkt mit dem Gefühl von Glück verbunden ist. In Wahrheit ist Glück viel komplexer und wahrscheinlich unter anderem mit individuellen persönlichen Erfahrungen, Beziehungen zu anderen und der Erfüllung von festgelegten Zielen verbunden. Zurzeit wird angenommen, dass es eine Beziehung zwischen dem Kreislauf des Vergnügens und dem Glück gibt, doch die Interaktion zwischen den zwei Konstrukten in dieser Beziehung ist noch nicht bewiesen. Seit der Entdeckung der Spiegelneuronen haben viele Forschungsgruppen begonnen, ihre Mitwirkung an der Art und Weise, in der wir Glück empfinden, zu untersuchen, indem sie der Evolutionstheorie der Emotionen von Charles Darwin folgen.

Bis vor ein paar Jahren wurde Kaffee lediglich als Ware betrachtet, als ersetzbares Produkt oder Ware, die keinem Maß an Differenzierung unterlag. Da es sich um ein riesiges Geschäft handelte, wurde Kaffee zum Mittelpunkt regelrechter Handelskriege – und in einigen Fällen auch politischer und militärischer Kriege –, in denen es darum ging, das Rohmaterial zu horten und immer größere Marktanteile zu gewinnen. Lange Zeit hinterließen diese Kriege, die manchmal offiziell erklärt, jedoch hauptsächlich geheim geführt wurden, das Oligopol des Handelsaustausches einer kleinen Anzahl großer multinationaler Unternehmen. Zu einem bestimmten Zeitpunkt verloren die Konkurrenten, weil sie den Marktanteil jeweils übertreffen und kontrollieren wollten, den wichtigsten Faktor aus den Augen: die Qualität. Jahrzehntelang hatte sich der Wettbewerb nur auf Quantität und Preis konzentriert, da die Konkurrenten dachten, dass dies die einzigen Faktoren wären, die eine signifikante Reaktion am Markt auslösen würden. Sie vergaßen, dass Kaffee in erster Linie gut sein musste. Kunden haben das jedoch schon immer gewusst und damit begonnen, aufgrund der schlechten Qualität weniger zu konsumieren. Zum Beispiel war in den 80er-Jahren der Kaffeekonsum in den Vereinigten Staaten um mehr als die Hälfte geringer als zwanzig Jahre davor, als die Qualität noch viel besser war. Minderwertiger Kaffee war nicht nur weniger genießbar, sondern enthielt auch die doppelte Menge an Koffein.
Mit dem Aufstieg von »Specialty Coffee« fand die erste Kaffeerevolution statt. Die ersten Schritte in diese Richtung wurden von einem Niederländer, Alfred Peet, gemacht, der sein erstes Kaffeehaus 1966 im kalifornischen Berkeley gründete und in den besten Arabica-Kaffee investierte, der damals zu finden war. Sein Kaffeehaus wurde so erfolgreich, dass er bald sein Unternehmen ausbaute. Die Definition »Specialty Coffee« kam zehn Jahre später. Wir verdanken den Begriff Erna Knutsen, einer amerikanischen Kaffeeeinkäuferin norwegischer Herkunft, die 1976 eine Bewertungsskala mit hundert Punkten erstellte. Kaffee mit über achtzig Punkten wird als Spezialität betrachtet und ist eine sehr begehrte Sorte. Erna arbeitete als Sekretärin in einem Unternehmen in San Francisco, das Kaffee vermarktete, als sie die Idee hatte. Sie war nicht dafür zuständig, das Kaffee auszuwählen, den das Unternehmen verkaufte, doch eines Tages hatte sie die Gelegenheit, ausgezeichneten Kaffee von kontrolliertem Ursprung für ihr Unternehmen zu kaufen. Erna war von

der herausragenden Qualität des Kaffees überzeugt und sprach sich entschieden für den Kauf aus, also kaufte das Unternehmen den Kaffee und verkaufte ihn wie immer an seine Röster weiter. Diese Entscheidung hatte Folgen: Die Kunden merkten den Unterschied sofort und fragten fortan nicht mehr nach »einem« Kaffee, sondern nach »diesem« Kaffee. Bis dahin hatte sich fast kein Unternehmen wirklich mit der Qualität des Rohmaterials, das es kaufte, beschäftigt, doch die Kunden hatten den Unterschied bemerkt und die Veränderung zu schätzen gelernt.
Während dieser Jahre begab sich mein Vater auf sein amerikanisches Abenteuer und brachte qualitativ hochwertigen Kaffee und Espresso zu den besten Restaurants der Vereinigten Staaten, zum Teil aufgrund der Einführung der einzeln portionierten Pads, die die Zubereitung von Espresso erleichtern. Um die Marktdurchsetzung zu erleichtern, wurde 1980 illycaffè North America gegründet, was seinen Traum, in diesen Kontinent und von dort in den globalen Markt zu expandieren, erfüllte. Im Laufe des darauffolgenden Jahrzehnts war Amerika von Italien inspiriert, als Howard Schultz, der damalige Geschäftsführer von Starbucks, einen Ausflug nach Mailand machte. Diese Reise soll die gesamte »Italian Sounding« Serie der Kaffeehauskette, die heute weltweiten Ruhm genießt, inspiriert haben.
Kurz nach der Geburt der Kaffeespezialität (im Jahr 1982) wurde die Specialty Coffee Association in den Vereinigten Staaten gegründet. Im Laufe der nächsten Jahre folgten andere nationale Verbände, von denen es heute etwa vierzig gibt, inklusive Italien. Während der Jahre der »ersten Kaffeerevolution« wurden die ersten Qualitätsmerkmale entwickelt: Genuss, Gesundheit und Nachhaltigkeit. Ursächlich für den Genuss sind die Qualität des Rohmaterials (besonders Arabica-Kaffees), die besseren Zubereitungstechniken, die vermehrt schönen und erlebnisreichen Orte, an denen Kaffee konsumiert wird, und die größere Auswahl. Nachhaltigkeit beruht auf den besten agronomischen Praktiken, der besseren Verwaltung des Wasserverbrauchs und der erhöhten Produktivität.

DIE SCHWIERIGEN 1990ER-JAHRE

Dank der Zunahme von »Specialty Coffee« begann das Getränk seine Reise in Richtung Spitzenqualität, doch die Reise verlief nicht ohne viele Hindernisse. Es war wirklich ein steiniger Weg voller tückischer Schlaglöcher und Gräben, der unmöglich zu navigieren war, ohne schwere Rückschläge zu erleiden. Während der 1990er-Jahre veränderte sich das Szenario plötzlich, und alles wurde noch komplizierter. Zuerst kam es zur Außerkraftsetzung des Internationalen Kaffee-Abkommens, das von der Internationalen Kaffeeorganisation unterzeichnet worden war und bis dahin genaue Quoten für den Kaffeeexport festgelegt und Marktpreise stabilisiert hatte. Das System war nicht mehr tragbar, da der Markt von allen Seiten Druck ausübte, jedoch verursachte die Außerkraftsetzung des Abkommens einen starken Preiseinbruch, der ganze Länder in eine Krise stürzte, sowie große soziale Not und erheblichen Qualitätsverlust auslöste. Mitte der 90er-Jahre ruinierten zwei Frostperioden gefolgt von schwerer Dürre einen Großteil der brasilianischen Ernte und die Preise explodierten. Der Kaffeemarkt, der damals weit entfernt von Stabilität war, war noch nicht auf dem Weg der Erholung. Ein paar Jahre später erschien ein neues Anbauland, Vietnam, und überflutete bald den Markt mit großen Mengen an Robusta-Kaffee, wodurch die Preise auf den tiefsten Stand der Geschichte fielen.
Das waren die Jahre des Ernesto-Illy-Brasilienpreises, der die Verbreitung guter Techniken im Kaffeeanbausektor in Brasilien zum Ziel hatte. Die Ware des weltweit größten Exportlandes war nur von mittelmäßiger Qualität. In rund zwanzig Jahren übertrafen die Auswirkungen unserer Initiative unsere Erwartungen, sie haben dazu beigetragen, die Kultur der Erstklassigkeit zu fördern und Brasilien in einen Qualitätshersteller zu verwandeln. Wir hatten nur nach erstklassigem Kaffee gesucht, und stattdessen hatten wir geholfen, den größten Markt der Welt nachhaltig zu verwandeln.

EINE ZUNAHME DES KONSUMS UND EINE ABNAHME DER ARMUT

»Specialty Coffee« wurde in einem stabilisierten, aber schwachen Markt geboren, mit dem Ziel, ihn neu zu beleben. Später überwand sie alle Schwierigkeiten der 90er-Jahre und hat bis heute überlebt und Kaffee als Ware überholt. Dank dieser Revolution ist der weltweite Kaffeekonsum in den letzten zwanzig Jahren um mehr als fünfzig Prozent angestiegen, und zwar nicht nur in neuen Konsummärkten wie China, Indien und dem Nahen Osten, sondern auch in Herstellerländern, wo der Inlandskonsum einen Aufschwung erlebt hat. Vor zwei Jahrzehnten machten Europa, Nordamerika und Japan beinahe achtzig Prozent des globalen Konsums aus, doch heute ist dieser Wert auf etwa fünfzig Prozent gesunken.

Ab 2000 katalysierte die Kaffeerevolution eine wahre Verwandlung des Bewusstseins für Kaffee. Zusammen mit der Qualitätssteigerung, die den Genuss des Getränks erhöhte, gab es auch eine Zunahme der wissenschaftlichen Forschung zu den physiologischen Wirkungen von Kaffee, die die positiven Auswirkungen von Kaffee auf unsere Gesundheit bestätigte. Dank diverser Zertifizierungen, von Fairtrade-Kaffee über Biokaffee bis zu Kaffee, der auf das Ökosystem Rücksicht nimmt, hat sich auch der Kaffeeanbau und dadurch auch das Gesamtimage von Kaffee verbessert. Die Kombination dieser Faktoren vervierfachte das jährliche Durchschnittswachstum des Konsums abzüglich der demografischen Entwicklung. Nicht nur die Quantität hatte sich verändert. Es gab auch einen Anstieg im durchschnittlichen Preis einer Tasse Kaffee, daheim und außer Haus. Die Orte, an denen Kaffee konsumiert wurde, wurden zu Erlebnisräumen, an denen man gerne blieb und an denen Kaffee Teil einer sensorischen und sozialen Erfahrung wurde. Schließlich wurden auch die Systeme für die Kaffeezubereitung viel ausgereifter.

Der Wert des Kaffees liegt darin, dass heutzutage ein proportionaler Anteil der höheren Mehrwerte einer Tasse Kaffee an die Herstellerländer geht, was im Schnitt ihre soziale Entwicklung und ihre Lebensverhältnisse verbessert hat, obwohl es nicht einfach ist, dieses Ergebnis ausdrücklich Kaffee zuzuschreiben. Der Index der menschlichen Entwicklung, der die Entwicklung von

DIE SECHS REGELN FÜR GLÜCKLICHEN KAFFEE

Wo
In einer Kaffeebar, zu Hause oder am Arbeitsplatz, solange der Kaffee perfekt zubereitet ist.

Wie
In einer vorgewärmten Porzellantasse.

Womit
Ohne Zucker oder Milch.

Wann
Am besten während Pausen, am Vormittag oder nach dem Mittagessen. Besondere Augenblicke, in denen wir uns voll und ganz auf unser Geschmackserlebnis konzentrieren können.

Mit wem
Mit einem Freund/einer Freundin oder einem anderen interessanten Gesprächspartner.

An was denkend
Fragen, die eine kreative Antwort erfordern.

Ländern anhand einer Reihe von Parametern wie Lebenserwartung, Einkommen, Bildung etc. misst, hat sich im Laufe der Jahre verbessert, und zahlreiche Initiativen wurden ergriffen, um die Armut zu senken, wie zum Beispiel die Millenniums-Entwicklungsziele. Dieses »Paket« von Zielen strebt die Beseitigung von Hunger, extremer Armut und den meisten heilbaren Krankheiten an und ist die erste Initiative ihrer Art in der Geschichte der Vereinten Nationen. Auch wenn wir den direkten Beitrag von Kaffee zur sozialen Entwicklung in den Herstellerländern nicht genau bestimmen können, zeigen Aussagen von Menschen, die diese Gegenden seit Jahrzehnten besuchen, dass sich die Lebensverhältnisse auch in den ärmsten Ländern erheblich verbessert haben.

DIE REVOLUTION DES »SPECIALTY COFFEE«

	1990/2000	2001/2010
Konsumsteigerung	+18 %	+ 30 %
Jährliches Durchschnittswachstum des Konsums	+1,7 %	+2,7 %
Jährliches Durchschnittswachstum der Bevölkerung	+1,4 %	+1,4 %
Nettowachstum des Konsums	+0,3 %	+1,3 %

MEIN »KOMPLIZE« SEBASTIÃO SALGADO

Die Einwohner von Bhutan gehören zu den glücklichsten Menschen der Welt. Doch wie leben die, die auf den Plantagen in Indien, Äthiopien, Costa Rica und vielen anderen Ländern arbeiten, wirklich? Diese Frage habe ich mir oft gestellt. Wir dürfen nie vergessen, dass der Kaffee, der uns Freude bereitet – und es gibt eine Milliarde von uns in der entwickelten Welt –, aus Entwicklungsländern importiert wird, die oft unter Armut leiden.

DIE INTERNATIONALE KAFFEEORGANISATION

Die Internationale Kaffeeorganisation (abgekürzt aus dem Englischen als ICO) ist eine zwischenstaatliche Organisation, die 1962 unter der Schirmherrschaft der Vereinten Nationen gegründet worden ist. Sie bringt Länder zusammen, die Kaffee herstellen und konsumieren, und wurde gegründet, um die Bemühungen des Kaffeesektors im Hinblick auf die große wirtschaftliche Bedeutung von Kaffee und seine Auswirkung auf die Entwicklung und auf die Lösung bestimmter Probleme auszurichten.
2007 versammelten sich die 77 Mitglieder der Internationalen Kaffeeorganisation in London und unterzeichneten ein neues Internationales Kaffee-Abkommen (das siebte seit 1962), das im Februar 2011 in Kraft trat. Dieses Abkommen stärkt die Rolle der ICO als Organisation, die der Koordination des Kaffeemarkts und der Förderung einer nachhaltigen Wirtschaft und von Entwicklungsprojekten gewidmet ist, die den Produktionsgemeinschaften, die eher von Preisschwankungen betroffen sind, besondere Beachtung schenken.

Wir von illycaffè versuchen, unseren Beitrag zur Stärkung des Bewusstseins der Rolle, die dieser Handel auf globaler Ebene spielt, zu leisten und bemühen uns, den Arbeitern ihre Würde zurückzugeben. Das Ziel, Armut zu reduzieren und die Lebensverhältnisse der Kaffeehersteller zu verbessern, war und ist für uns noch immer ein kategorischer und ethischer Imperativ.
In diesem Sinne begannen wir 2001 ein ambitioniertes Projekt, als wir Sebastião Salgado baten, mit uns zusammenzuarbeiten. Er sollte die Bauern in den Ländern, die zum illy Blend beitrugen, für uns fotografieren. Es war eine Bilderreise in die Anbau-

länder des Kaffees, und das Ziel war, die Schönheit der Natur und Kultur dieser Länder festzuhalten. Sebastiãos Fotos zeigen Menschen, ihre Arbeit, ihre landwirtschaftlichen Tätigkeiten, das Ernten, Trocknen, Aussortieren etc. Der Kaffee, den wir jeden Tag trinken, basiert auf diesen uralten Tätigkeiten. Salgados Objektiv spiegelt eine wichtige Überzeugung wider: Ein Produkt muss nachhaltig sein, damit es gut sein kann, und Kaffee ist nur gut, wenn er in Einklang mit diesem Prinzip produziert wird. Diese Einstellung kennzeichnet unsere Arbeit schon seit Jahren.

So gesehen, ist Salgados Sensibilität wirklich in Einklang mit der unserer Familie. Sie äußerte sich direkt nach seiner Reise nach Indien im Jahr 2003. Damals benutzte er Kameras von Leica wie mein Vater, und er hatte – wie mein Vater – eine Glatze, trug Baseballkappen und hatte immer ein Schweizer Taschenmesser eingesteckt. Er war nicht von der Reise nach Indien überzeugt gewesen, doch meine Schwester Anna, die sehr mit diesen Ländern vertraut ist und ihn während des Projekts fast immer begleitet hat, überzeugte ihn schließlich davon, dass indische Kaffeeplantagen wunderbare Orte sind.

Anna erzählte mir, dass sie jeden Tag früh am Morgen zur Plantage gingen, um die Ankunft der Erntearbeiter abzuwarten, eines Stroms von Frauen in bunten Saris. Salgado fotografierte sie, als sie die Zufahrtsstraße entlanggingen. Er hatte sie gefragt, wie man »Danke« auf Hindi sagt, und sich »dhanyavad« auf seine Hand geschrieben, um sich bei den Menschen, die er fotografierte, bedanken zu können. Im Erntegebiet herrschte Schweigen. Man hörte nur das Geräusch von reifen Kaffeekirschen, als sie in die Körbe fielen. Sebastião fragte, warum keiner sang, und begann selbst zu singen. Er erzählte, dass in Brasilien während der Ernte immer gesungen würde. Zuerst sang er allein, doch wenig später stand ein alter Mann auf und sang mit. Nur ein paar Augenblicke später stimmten alle im Feld mit ein. Es war eine ergreifende Szene.

Somit war Salgados Entscheidung weder willkürlich noch ausschließlich von seinen unzähligen künstlerischen Werten beeinflusst, sondern vor allem von dem starken ethischen Engagement, das wir mit ihm teilten, und seiner tiefen Kenntnis jener Welt, die er da abbildete, da er einen Großteil seines Lebens in dieser Welt verbracht hatte. Schon im Kindesalter hatte Sebastião seinem Vater geholfen, der Kaffeebohnen auf dem Rücken eines Esels durch die Region Aimorés im Bundesstaat Minas Gerais transportiert hatte. Sein Vater hatte anstrengende Reisen unternommen, die bis zu zwei Tage dauern konnten. Er hatte den Kaffee von den Plantagen abgeholt und ihn dann zu dem Unternehmen gebracht, wo er gewaschen und exportiert wurde. Der junge Sebastião hatte dabei geholfen, die Kaffeebohnen zu waschen und in Säcke zu füllen.

Nach seinem Abschluss arbeitete Salgado als Ökonom für die Internationale Kaffeeorganisation. Sein Ziel war es, durch integrierte Landwirtschaft einen Weg zu finden, die Produktion nachhaltiger zu machen (das war sogar schon vor vierzig Jahren ein Thema). Als ich ihm von unserer Unternehmensphilosophie und unserem Vorhaben für ein fotografisches Projekt erzählte, das die Arbeit der Hände und der Herzen der Arbeiter, die hinter den Kaffeebohnen standen – 25 Millionen Familien in über siebzig Ländern –, zeigen sollte, nahm er unser Angebot sofort an.

Sebastião stammt aus Aimorés, einem trockenen Gebiet in Minas Gerais. Die Region war einst vom atlantischen Wald (ursprünglich mindestens so groß wie der Amazonas heute) bedeckt, doch in nur ein paar Jahrzehnten waren neunzig Prozent der Fläche abgeholzt und das Gebiet wurde komplett trocken. Um die Entwaldung zu bekämpfen, kaufte Salgado vor ein paar Jahren den landwirtschaftlichen Betrieb seines Vaters zurück und begann ein riesiges Wiederbewaldungsprojekt, an dem wir uns sofort als enthusiastische Partner beteiligten.

Ich erinnere mich noch genau an die Traurigkeit, die ich auf meiner ersten Reise dorthin verspürte. Das Flugzeug flog über ein Gebiet, das einst ein Wald gewesen und nun eine Savanne mit gelbem Gras und ein paar Kühen war. Salgados Instituto Terra hatte die Aufforstung erst begonnen, und schon hatten Horden von gefräßigen Ameisen die Samen verschlungen. Es schien wie ein unmögliches Unterfangen. Daher war es eine riesige Überraschung, als ich fünf Jahre später zurückkehrte und einen grünen Wald sah, der sich ausbreitete, so weit das Auge reichte. Da waren alle möglichen Sorten von Bäumen und Pflanzen (zwei Millionen waren bereits wieder angepflanzt worden) und sogar kleine Seen und Flüsse. Sebastião erzählte mir, dass es anfangs schwierig gewesen war, da der Boden gelitten hatte und Schwierigkeiten hatte, die neuen Bäume zu erhalten. Doch an einem gewissen Punkt war wieder ein natürlicher Lebensraum entstan-

den. Der Wald hatte begonnen, von selbst zu wachsen, und die Tiere waren zurückgekehrt. Sogar Jaguare waren gesichtet worden. Ihre Präsenz war ein echtes Rätsel, da es in einem Umkreis von zweihundert Kilometern keine gab.
Diese ersten Reisen zu den Plantagen und die vielen anderen, die folgten, stellten den Anfang unserer Zusammenarbeit mit Salgado dar und gipfelten in der großen Ausstellung im Rahmen der Expo in Mailand. Im Laufe der Jahre hat unsere Zusammenarbeit nie aufgehört, so wie unser Traum, die Erde nachhaltiger zu machen, sogar mit Kaffee. Im Laufe der Zeit hat dieses Ziel unsere Freundschaft gefestigt, und Sebastiãos Fotos erinnern mich immer daran, das Land und die Familien, die den Kaffee verarbeiten, mit Liebe zu betrachten. Die klugen und aufmerksamen Hände und Augen der Bauern sind unsere Verbündeten in der großen Herausforderung, den besten Kaffee der Welt mit gegenseitigem Respekt und für das Glück aller herzustellen.

DIE NEUE KAFFEEREVOLUTION

Wie jede Revolution braucht die Revolution der positiven Volkswirtschaft ein Symbol, etwas, dessen Kern die Geschichte einer epochalen Veränderung und einer neu belebten Vision der Gegenwart und der Zukunft erzählen kann. Dieses Symbol muss den greifbaren Ausgleich zwischen Arm und Reich, ein neues Gleichgewicht zwischen Technik und Umwelt sowie einen unternehmerischen Ansatz repräsentieren, der aufgeklärt, nachhaltig und schließlich weitsichtig ist. Dieses Symbol könnte Kaffee sein. Einhundert Millionen Menschen arbeiten in diesem Sektor. Seine sozioökonomische Bedeutung ist so groß, dass die Veränderung radikal wäre, wenn die Produktionskette nur von Kriterien der Qualität und Nachhaltigkeit gelenkt werden könnte.

Natürlich wäre das vor fünfzig Jahren undenkbar gewesen, einer Zeit, in der der Kaffeeanbau weit entfernt von den Mindestanforderungen für Qualität und Nachhaltigkeit war. Doch vor fünfzig Jahren war vieles anders. Man nehme zum Beispiel Wein, dessen Weg und Markt dem von Kaffee am ähnlichsten ist. Vor einem halben Jahrhundert war es normal, Wein von unbekannten Weingütern zu trinken. Wir wussten sehr wenig über diese anonymen Weine, lediglich ob sie rot oder weiß waren, wie viel sie kosteten und ob sie uns schmeckten oder nicht. Das war alles. Heutzutage ist es normal, Qualitätsweine zu trinken, die Traubensorten und ihre Herkunft zu kennen, die Anbau- und Herstellungsmethoden unterscheiden zu können und mit den diversen Weingütern vertraut zu sein. Natürlich sind diese Weine besser, doch sie sind auch teurer, und wir sind bereit, den höheren Preis für Qualität zu zahlen. Im besten Fall garantiert das den Herstellern größeren Profit, der dann entlang der gesamten Produktionskette verteilt werden kann. Dadurch werden Roh-

materialien und andere Aspekte wie die Önogastronomie aufgewertet.
Die Geschichte des Weins beginnt vor mehr als fünftausend Jahren (die von Kaffee hingegen vor weniger als eintausend Jahren) und seine Verwandlung hat sein Potenzial bereits voll ausgeschöpft. Dies könnte ein Beispiel sein, um zu verstehen, wie sich auch der Kaffeemarkt im Laufe der Zeit entwickeln wird. Innerhalb einiger Jahrzehnte wird Kaffee durch extreme Produktdifferenzierung und ausführliche Erforschung der Kulturen, die er repräsentiert, »einzigartig« werden. Seine Einzigartigkeit wird mit einer wachsenden Anzahl von Liebhabern verbunden sein: keinen Kaffeeliebhabern, sondern Experten, die die feinen Unterschiede zwischen den Produkten erkennen können. Wir werden nicht lange auf diesen Stil warten müssen, und in der Zwischenzeit müssen wir uns auf Erlebnispädagogik konzentrieren, auf einen praktischen Ansatz, bei dem man lernt, während man Spaß hat.
Daher bietet die Università del Caffè in Zusammenarbeit mit der Ernesto-Illy-Stiftung das einzige Masterstudium in Kaffeeökonomie und Kaffeewissenschaft an. Immer seltenere und gehobenere Getränke werden einen neuen Bereich des Konsums besiedeln – Exzellenz – mit einem Trading-up-Effekt auf den gesamten Markt, der den Konsumenten Freude bereiten wird, die durch ihr größeres Wissen verstärkt wird. Exzellenz wird durch die höchste Aufwertung der Gebiete, in denen Kaffee angebaut wird, geschaffen werden sowie durch die Diversifizierung agronomischer Praktiken und dem Anbau von Sorten, die wenig bekannt sind oder noch gar nicht existieren, ganz gleich, ob einheimische Arten oder Hybride.
Außerdem werden die Orte des Kaffeeanbaus wahre Pilgerstätten für Liebhaber werden. In den kommenden Jahren wird Exzellenz mit der wachsenden Aufmerksamkeit, die allem in der Welt des Kaffees geschenkt werden wird, Hand in Hand gehen. Neue Geschäfte und Kaffeebars werden das Genießen eines hochwertigen Produkts mit dem Vergnügen verbinden, an einem eleganten und einladenden Ort Zeit zu verbringen und Kaffee mit ausgewählten Konditorei-Spezialitäten zu genießen. All dies wird durch hochmoderne Technik und die Möglichkeit, sich eine

multi-sensorische und intellektuelle Reise zu gönnen, unterstützt werden.
Kenner werden die aromatischen, geschmacklichen, haptischen und optischen Qualitäten ihres Kaffees beurteilen können. Sie werden einen goûte café (einen speziellen Kaffeelöffel) benutzen, um die Aromen zu vermischen. Baristas werden ihre eigenen Fähigkeiten verbessert haben und uns mehr über den Kaffee, den wir ausgewählt haben, erzählen können. Sie werden ihn jedes Mal ausgezeichnet zubereiten und servieren. Schluss mit verbrannt schmeckendem oder wässrigem Kaffee oder mit kalten, angeschlagenen oder gar schiefen Tassen.
Und wer weiß, vielleicht wird es ein Aufleben von Tafelsilber geben (das heute unmodern ist) und generell ein neues Aufblühen von Luxus, der sich um das Kaffeetrinken dreht. Wir werden Kaffeemenüs mit tausenden Kaffeesorten von einem Ursprung und vollkommene Produktrückverfolgbarkeit haben. Wir werden die gesamte Geschichte spezieller Kaffees oder Blends kennen, wie die der Sorte Laurina, die in El Salvador hergestellt wird, und vieler anderer Sorten, wie es heute bei den hochwertigsten Weinen und Lebensmitteln der Fall ist. Obwohl es viele verschiedene Kaffeearten gibt, werden momentan nur zwei angebaut. Die Ära der Exzellenz wird auch zur Artenvielfalt zurückkehren.
Damit ein Anteil des Mehrwerts, der durch die Steigerung der Qualität und daher der Preise entsteht, auch die Kaffeebauern erreicht, soll das »Gesicht« hinter einer Tasse Kaffee nicht mehr nur das des Rösters sein, sondern auch das des Bauern. Die gesamte Produktionskette in den Herstellerländern muss optimiert werden und die Kette, die heute zu lang ist, muss verkürzt werden. Das Produkt geht von den Bauern zu den Konsumenten durch zu viele Hände, und dadurch werden den Bauern erhebliche Gewinnquoten vorenthalten. Auch wenn die beiden Welten sehr weit voneinander entfernt scheinen, ist die Welt der Konsumenten eng mit jener der Produzenten verbunden. Das Wohlergehen, das durch Kaffeetrinken im Konsumenten ausgelöst wird, ist in Wahrheit direkt mit der Entwicklung verknüpft, die Kaffee den Bauern und ihren Gemeinschaften ermöglicht. Dieser Wertekreis, der sich auf Qualität konzentriert und von

Mechanismen, die charakteristisch für Komplexität sind, gespeist ist, kann auf jeden Fall gestärkt werden.
Um diese visionäre Zukunft wahr werden zu lassen, müssen wir uns nicht nur unaufhörlich der wissenschaftlichen Forschung, der Innovation und dem Marketing widmen, sondern auch die große Bedrohung besiegen, die über der Kaffeeproduktion hängt: den Klimawandel. Bereits heute ist der Kaffeeanbau von globaler Erwärmung betroffen, die die Plantagen unvorhersehbar mit Dürre, übermäßigen Niederschlägen und Hitzewellen plagt. Das pessimistischste Szenario sagt voraus, dass die Temperaturen bis zum Ende des Jahrhunderts um mehr als zwei Grad Celsius (3,6 Grad Fahrenheit) ansteigen werden und dass bis zur Hälfte des Landes, das für den Kaffeeanbau genutzt wird, möglicherweise nicht mehr existieren wird. Das ist ein potenziell apokalyptisches Szenario, wenn wir gleichzeitig bedenken, dass die weltweite Kaffeeproduktion möglicherweise um das Dreifache ansteigen muss, um dem Verbraucheranstieg gerecht zu werden.
Seit man vor etwa fünf Jahrhunderten begann, Kaffee in großem Umfang anzubauen, hat sich alles linear entwickelt. In diesem Jahrhundert wird eine Unterbrechung stattfinden. Doch genau wie sich der europäische Weinbau im späten 19. Jahrhundert nach der Reblauskatastrope neu erfand, bin ich überzeugt, dass wir es auch schaffen werden. Wir müssen die Innovation von Anbaumethoden fördern, neue Sorten entwickeln, die Katastrophen überleben können, und neue Gebiete finden. Außerdem muss der Kaffeeanbau nachhaltiger und weniger von Wasser und Waldrodung abhängig gemacht werden. Diese Herausforderung kann gemeistert werden. Kolumbien, eines der Länder, das am meisten vom Klimawandel betroffen ist, hat erfolgreich mehr als die Hälfte der Kaffeepflanzen des Landes mit neuen, widerstandsfähigen Arten, die im Land entwickelt wurden, ersetzt. Trotzdem wird es sehr schwierig sein, diese Herausforderung auf globaler Ebene zu bewältigen, wenn man die Zahlen betrachtet. Ich hoffe, dass das allen bewusst ist und dass die klügsten Köpfe der Wissenschaft, Landwirtschaft, Industrie, Bildung und Politik ihren kollektiven Beitrag leisten werden.
Ich habe dieses Buch anlässlich der Expo in Mailand im Jahr 2015 verfasst, die dank der Entscheidung des BIE (Bureau Inter-

national des Expositions), diesem unglaublichen Getränk ein Cluster zu widmen, die Gelegenheit bot, das größte Fest des Kaffees zu organisieren, das es je gab. illy hatte die Ehre, das Cluster unter der Leitung der Internationalen Kaffeeorganisation zu koordinieren, die ich als Präsident der Kommission für Promotion und Marktentwicklung repräsentiere. Dieser außerordentliche Erfolg ist auch der Fürsprache des damaligen Ministerpräsidenten Enrico Letta zu verdanken, der die ICO einlud, eine wichtige Konferenz zu Kaffee in Mailand während der Expo zu halten, um die Kultur und Qualität von Kaffee aufzuwerten und eine wichtige Begegnungsmöglichkeit zu schaffen. Sein Nachfolger Matteo Renzi führte eine weitere wichtige Initiative ein: die Sicherstellung, dass die Expo ein Vermächtnis hinterlässt. Durch die »Milan Charter« hat er sich verpflichtet, große Ungleichheiten in der Welt der Lebensmittel zu beseitigen, wie Abfall, Mängel, Unterernährung und Hunger.

Ich träume davon, dass Kaffee eine Hauptrolle in der Charter spielen wird und dass die Zivilgesellschaft, die Geschäftswelt, die Institutionen und die Nichtregierungsorganisationen ein wahres Manifest unterzeichnen. Außer einer Liebeserklärung an Kaffee soll das Manifest auch den Tugendkreis sanktionieren, der die Konsumenten mit den Herstellern verbindet. Es muss eine moralische Verpflichtung beinhalten, diesen Kreislauf zu stärken sowie nach Exzellenz streben und so die wachsende soziale Entwicklung in ländlichen Herstellergemeinschaften fördern. Das Dokument sanktioniert die moralische Verpflichtung der Unterzeichnerländer, nicht nur für die Zukunft, sondern ab jetzt. Das würde der erweiterten Kaffeegemeinschaft ermöglichen, ihren direkten Beitrag zur Verringerung von Armut zu leisten und ein Modell zu schaffen, das dann von anderen Waren übernommen werden kann, wie Kakao oder Tee, mit denen Kaffee viel gemeinsam hat.

Um dieses Manifest einzuleiten, müsste man nur eine Kontrollinstanz schaffen, um die Lebensverhältnisse und soziale Entwicklung der Herstellergemeinschaften zu beobachten. Diese Kontrollinstanz existiert noch nicht, doch sie wäre dank der Informationsfülle der diversen Organe der Vereinten Nationen (FAO, UNDP, Weltbank) sehr einfach zu organisieren. Diese

Information könnte der Tätigkeitsbereich eines Expertenausschusses werden, welcher Initiativen vorschlagen könnte, die in den diversen Ländern durchgeführt werden könnten. Die Initiativen könnten von den Tätigkeiten und den gesammelten Geldern von Nichtregierungsorganisationen wie Oxfam finanziert werden, die vom ICO anlässlich des ersten Internationalen Tags des Kaffees am 1. Oktober 2015 während der Expo zu einer globalen Spendenorganisation ernannt wurde.
Doch 2015 war nicht nur das Jahr der Expo in Mailand. In Anbetracht der ermutigenden Ergebnisse, die von den Millenniums-Entwicklungszielen erreicht wurden, übernahm die UN im selben Jahr die neuen Ziele für nachhaltige Entwicklung, zu denen das Kaffeemanifest beitragen könnte. Es war auch das Jahr der Klimakonferenz in Paris, die auch Strategien und Mittel vorschlagen wird, um dem Kaffeeanbau zu helfen, sich Klimaproblemen anzupassen.
Leider ist die Welt des Kaffees immer in Herstellerländer und Verbraucherländer aufgeteilt. Die beiden Teile sind voneinander abhängig, doch sie befinden sich in einer Art Dauerkonflikt. Sie sind aufgrund des immensen Wohlstandsgefälles und daher aufgrund des unterschiedlichen Gewichts des Verhandelns gespalten. Die vertretenden Länder treffen sich und diskutieren in der Internationalen Kaffeeorganisation, und ich glaube, dass die Herausforderungen und Gelegenheiten in der Zukunft zu einer wichtigen Annäherung führen werden, die manche der Wunden heilen könnte, die vom Untergang des Kolonialismus hinterlassen wurden.
Eines ist sicher: Die Kaffeerevolution hat begonnen, und wir wissen bereits, wohin sie führen wird. Zur Bestätigung von Kaffee als Getränk des Glücks.

DANKSAGUNG

Ich habe dieses Buch anlässlich der Expo in Mailand im Jahr 2015 verfasst, der größten Feier des Kaffees, die es je gab. Sie war eine Veranstaltung, um der Vergangenheit zu gedenken, über die Zukunft zu diskutieren und über die Gegenwart dieses Getränks und seine drei hervorragenden Eigenschaften zu sprechen: Glück, Gesundheit und Nachhaltigkeit. Die erste Universalausstellung für Lebensmittel wurde nicht durch Zufall in einem Land organisiert, das Weltmeister des Triptychons von Essen, Kaffee und Wein ist. Daher repräsentiert es eine symbolische Endstation, an der Kaffee seine Reise der letzten 25 Jahre als positive Revolution beendet und eine neue Reise antritt, die noch besser ist und einen breiteren Rahmen hat.

Dieses Buch ist auch ein Geschenk für meine ersten 25 Jahre im unglaublichen Unternehmen illycaffè. Ich bin sehr dankbar für dieses Geschenk und möchte mich bei jedem bedanken, der geholfen hat, es möglich zu machen. Insbesondere danke ich meinem Vater Ernesto, der die Inspiration für dieses Buch war, meiner Familie, die mir ihr Vertrauen geschenkt und mir erlaubt hat, sie in meiner Erzählung zu vertreten, Vittorio Bo und seinen Mitarbeitern bei Codice Edizioni für die Beratung und Motivation, Alessandra Viola, meiner geduldigen »Komplizin«, und schließlich dem gesamten Expertenteam von illycaffè, das mich unterstützt hat.

ABBILDUNGSNACHWEIS

Umschlags- und Kapiteltitel: *Quelle:* Massimo Gardone/Azimut.
Hintere Umschlagklappe: Andrea Illy. *Quelle*: Stefano Guindani Foto.

20–21 *Quelle:* illycaffè S.p.A.
23 *Coffea arabica*, aus *Köhler's Medizinal-Pflanzen in Naturgetreuen Abbildungen mit Kurz Erläuterndem Text: Atlas zur Pharmacopoea Germanica* (1887). Quelle: Wikipedia (öffentliche Domäne)
25 Interieur eines Wiener Kaffeehauses © DEA/Alfredo Dagli Orti/Getty Images
31 Illetta. *Quelle:* Giotto Enterprise
33 Francesco Illys Ausweis. *Quelle:* illycaffè S.p.A.
36–37 *Quelle:* Massimo Gardone/Azimut
44 Ernesto Illy in einem Labor. *Quelle:* illycaffè S.p.A.
49 Francesco Illy: Portrait
50 *Quelle:* Giuliano Koren
58 Kaffeebohnen. *Quelle:* Massimo Gardone/Azimut
61 *Quelle:* Andric
71 *Quelle:* illycaffè S.p.A.
77 *Quelle:* Massimo Gardone/Azimut
78 *Quelle:* Massimo Gardone/Azimut
79 *Quelle:* Massimo Gardone/Azimut
81–82 Laurinapflanzen. *Quelle:* illycaffè S.p.A.
85 Kaffeepads. *Quelle:* Massimo Gardone/Azimut
98–99 *Quelle:* illycaffè S.p.A.
104 *Quelle:* illycaffè S.p.A.
106 *Quelle:* illycaffè S.p.A.
108 Arbeiter auf einer Plantage in Äthiopien. *Quelle:* Elisabetta Illy
111 Hauptsitz von Illycaffè
117 Eye-Tracking ist ein Weg, Kunst zu »versachlichen« und zu verstehen. *Quelle:* illycaffè S.p.A.
121 illy Art Collection – Anish Kapoor. *Quelle:* Giotto Enterprise
123 illy Art Collection – Pedro Almodóvar. *Quelle:* Giotto Enterprise
127 Chinesische Tassen © stockfood.at/Eising Studio – Food Photo & Video
133 illy Art Collection. *Quelle:* Giotto Enterprise
134 illy Art Collection – William Kentridge. *Quelle:* Giotto Enterprise
138 *Quelle:* illycaffè S.p.A.
142 Anish Kapoor, *Ascension* (2011), Basilika San Giorgio, Venedig. Mit freundlicher Genehmigung der Galleria Continua, San Gimignano/ Peking/Les Moulins; in Zusammenarbeit mit illycaffè. Foto: Lorenzo Fiaschi

145 Push Button House. *Quelle:* Illymind an der Biennale di Venezia. Foto: Luca Campigotto
147 Galleria illy, New York. *Quelle:* Luca Campigotto
156 Macchina X7.1 Iperespresso. *Quelle:* Massimo Gardone/Azimut
165 Galleria illy, London *Quelle:* Adam Parker
169 Federico Fellini und Giulietta Masina · Foto: Federico Patellani © Studio Federico Patellani – Regione Lombardia/Museo di Fotografia Contemporanea, Milano-Cinisello Balsamo
171 illy Art Collection – Francis Ford Coppola. *Quelle:* Giotto Enterprise
175 *Quelle:* illycaffè S.p.A.
179 Fraktal © Scott Camazine/Alamy Stock Photo
180 *Quelle:* illycaffè S.p.A.
189 Das Dritte Paradies – Michelangelo Pistoletto
199 *Quelle:* illycaffè S.p.A.
206 *Quelle:* illycaffè S.p.A.
209 Sortiererin; Aricha, Region Yirgacheffe, südliches Äthiopien © Sebastião Salgado/Amazonas Images/Contrasto für illycaffè